ちくま文庫

ジャンパーを着て四十年

今和次郎

筑摩書房

目次

本書は一九六七年に文化服装学院出版局（現・文化出版局）より刊行されました。

本文中には、今日の人権意識と照らし合わせると不適切・不適当な表現が含まれている箇所がありますが、著者が既に故人であること、また執筆当時の時代背景および作品の文学的価値とに鑑み、そのままとしています。あらゆる差別について助長する意図はありません。

ジャンパーを着て四十年

著者が常用している帽子とバッグ

挿画・著者

一、ジャンパーを着て四十年

1　着出したきっかけ

それは大正十二年の関東大震災のときだったから、もうすでに四十年になる。借家住まいだった家は、地震でつぶれてしまった。もちろん東京の目ぬきの街は見渡すかぎり焼野ヶ原となってしまったのだ。

しかし、またたくまに、街の中心部は復興し、また東京の広がりが郊外へとのびた。そののち、戦災で焼けてからは、いっそう広がりがのびて、東京は今日のように、武蔵野一帯に広がって、世界一のマンモス都市といわれるものになった。

震災のときも、戦災のときも、乱世の昔ではないが、みんなの服装はぎりぎりの粗服になってしまった。戦災のときには資源は全国的に欠乏していたから、ながらくちぐはぐの汚い服を着ていなければならなかったが、震災のときには、国中の同情を集めて、またたくまに、もとのとおりに復活する気配をみせたのである。

いささか墨染めの衣の心境もあったのだが、ぼんやり者のわたくしの服装だけは、手遅れになって、震災当時のままでストップしたのである。街に出て、ペンキ屋などをやって、道草を食っていた関係などもある。今日ならばそれはジャンパーと呼ばれる服であろうが、その当時はナッパ服といって、工場の職工たちが着ていた作業服だったのだ。それ以来、そのままが、自他ともに慣れになってしまって、ジャンパーの先生で今日にいたっている。

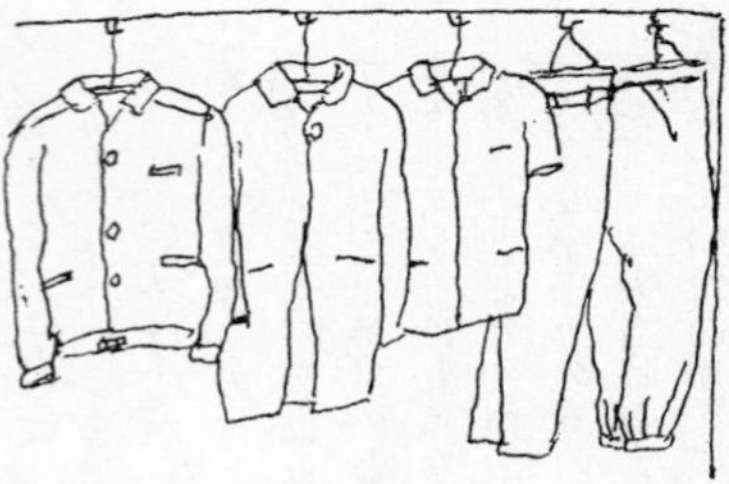

私の部屋には長押に釘をうって、何枚もジャンパーが吊ってある。場合に応じてどれにしようかと、ちょっと考える。着古したものも新しいものもある。洋服タンスというものも、私の場合は要らない。下着類のタンスは別にあるけれど。

2　世間とのまさつ

「世の中とのまさつは感じませんか」と、しばしばきかれるのだが、もちろんそれはある。しかし、そういうときは、わたくしにとって、服装というもの、エチケットというものを哲学する機会だったのである。

震災後、まもなく、もとのような服装の世の中に還るきざしがみえ出したとき、そのことをみつめて「考現学」提唱の旗を立てたのだ。服装その他の風俗は、どういう順序で変わっていくものかを記録調査でやってみようという企てだったのである。枝葉のことになるけれど、そのために、これまで教えをうけていた柳田国男先生から学問的破門をされてしまった。「君はけしからん、君のやろうということも民俗学の枠の中のものだよ。考現学とはけしからん」と、きびしく叱られた。

「だって先生……」とのどまで出てきたのだが、お返事はしないで素直にひきさがったのである。街の鋪石に坐って通行人の風俗を数えたり、また貧民街で同じことをやるのには、背広の紳士のカッコでは不適切で、ジャンパーいなナッパ服こそ便利な服だったのだ。世の中の風俗を客観するのには、これでいいという理由からも、ジャンパーで行こうという自覚が固められたといっていい。

こうして、考現学の先生と、ジャンパーの先生とは、わたくしにとって同義語に当たるわけだ。

もともとわたくしそのものの地金《じがね》は、のんき者なのであろう。けれども、くらしの型とかエチケットというものには鈍感ではないつもりだ。それらについて気をつけて学んでみてもいる。小説を読んでも、社会史や文化史などを読んでも、それらに触れている事項には、いつもアンダーラインをひいている。十七、八世紀のヨーロッパの宮廷が本源となっているエチケットや、十九世紀のイギリスのビクトリア女皇のお好みに応《こた》えたイギリスの紳士諸君の背広服の装いや、また、足利義満の礼法復活や、徳川綱吉時代の、吉良上野介、水島卜也などの礼儀作法の発行元とみられる人々のことにも、いささか注意してみている。けれども、今日の、それらの人々の末社格とみられるような、令夫人や重役さんやサラリーマンたちを対象にして、直接に風俗批判をやることは、大人気ないこととも思っているのである。

3　先輩・同僚・学生・妻・子供たちは

それで、ジャンパーを着出してから、約四十年間、いな定年退職後をさしひくと三十五年間も学校の教員を無事に勤めてきた。今では定年者として自由な立場におるのだが。

ジャンパーを着ても、どっか愛嬌があったせいだろう。先輩や同僚たちは見逃がしてくれた。先輩の先生だった佐藤功一さんからは「君の顔貌は小山内薫さん系の美男子型なのに、手入れをしないのはおしいもんだ」とご好意からのアドバイスを頂戴したりしたものだ。学生たちは、敏感で、何か考えている先生だなと思ってくれたようだ。もちろん学生たちには「学校の教員というものは諸君を育てる仕事をする職人だとわたくしは考えているよ」と、ときたまいったりした。入学式や卒業式などのときには、ジャンパーの上に、学校で制定しているガウンを着ればよかったが、その襟元をみて、微笑を送る先輩もおったけれど。

家庭の妻や子供たちは、どうみていたかというと、はじめは大まさつだった。みっともないとか、失礼だとかいう世の中の通念をふりまわした。世の中でのなやみ以上にこれにはまいったのだが、そこは根性の問題だと思ってがまんした。慣れてしまうと小言も消えるだろうと待ったのである。

4　演壇に立つと

婦人会などの講演によばれていくと、東京の目黒あたりの高級住宅地のPTAの席などではいけない。アカとみるらしい。坊主がにくけりゃ袈裟までにくいの逆、袈裟がにくけりゃ坊主までにくい、とくるらしい。けれども、中央線沿線あたりの住宅でくらしている奥さんたちにはうける。地方の都市でも、だいたい背広の先生たちよりはうけがよい。大学の校友会の講演会で地方巡りで二、三の先生たちと一緒のときなどには「君に出られるとこっちがまけるよ」などと笑い話が出たりする。特に農村の婦人たちの集まりや、工場地の婦人たちの席では、満点にうける。「わたくしは家に帰っても、背広服も、ネクタイも、革の靴もないんです。だからそれだけお金がのこる……」などというと拍手が湧いたりする。

5　ジャンパーの定義

わたくしは、ジャンパーの定義をこう考えてみている。いわゆる十九世紀いらいのイギリスの紳士好みの服、肩や襟にパッドやシンギレを入れ、袖付けをきゅうくつに作り、胴にもダーツを入れて作ったような服でなくて、肩も袖つけも柔らかくて自由な行動ができる服のことだと単純にきめている。そのまま長押《なげし》の釘に吊り下げておいても、形がくずれるという心配のない服のことだと。だから飾り立てた洋服タンスも要らないわけになる。

6　冠婚葬祭には

それで、社交の本舞台に出るのにはどうするか、という質問が当然出ると思うが、いわゆる冠婚葬祭にはジャンパーのままと、きめている。もともと、結婚の座は祝福の劇、葬式はかなしみの劇なのだろうから、それにのぞむのに、必ずしも、婚儀屋や葬儀屋できめている形式的な装いをしなければという法はない筈だと考えているからだ。心のもち方からしぜんに湧く表情と言葉だけで済む筈のものだときめているからだ。

教員時代に懇意にしていた、当時の学生だった青年が、「結婚をすることになりましたので、どうか先生に仲人になって頂きたい。お願いします」とひょっこりやってきたりする。「よろしい。よろこんでやるよ。けれども、わたくしにはモーニングも背広服もないのだから、それで承知なら、よろこんでやるよ」といえば、「実はそこを見込んで……」と殊勝な言葉がきけたりするが、「ご馳走などは簡単にやることだよ」と追いうちをかけたくなる。

いつか、そういうきっかけで仲人にたたされて、ムコサン、ヨメサンの紹介演説をぶったとき、その席に列席していた東畑精一さんや、蠟山政道さんから、「あんた演説がうまい、素敵なもんだ」と、ほめられたことがあった。ジャンパー姿の男は、形式などにかまわずに率直なもののいい方をするので、何か新鮮な感触を与えたからだろう。

7　宮様からの招きに

ちょっとまごついたことがある。ある夏のことだったが、自宅で裸で、何かの調査報告を書いていたとき、玄関に来客があった。取次に出た妻から言葉をきいてみると、御殿場にご静養中のT宮様からのお使いだというので驚いた。そそくさと何かをひっかけて、あいさつに出てみたらば、「T宮様からの使いで参りました。あなたの書かれた本を宮様がお読みになって、ぜひ、お目にかかってお話をききたいというので、ご足労でも御殿場までおいで願えませんでしょうか」というのだった。

そのときは困却した。正直に申し上げた。「わたくしは作法も知りませんし、また服もありませんので、ご辞退した方がと思いますが」といったらば「そのほうがかえって宮様がよろこばれるのですから」ということだったので、ではといって、日取りを約束した。

ジャンパーで宮様を訪ねたのである。

御殿場駅でおりたら、宮家からのお迎えの自動車がきていた。それにジャンパー姿で乗せてもらった。宮様は、気楽な装いで邸内のツゲの垣根を刈りこんでいられたが、対顔の最初の言葉は「ツゲの葉はお茶のかおりがするけれど、お茶にならんのでしょうか」というのであった。それは門《かど》ちがいのことだから「さあ……」と答えたが、こっちはジャンパーに運動靴、宮様はスポーツ服での対談であった。

それからお茶をよばれて、いろいろ旅でみた話などを、質問のままに、ゆっくりとりかわしたのであったが、昼食を、妃宮様のお手作りの食事を、宮様お二人とわたくしだけでいただいて帰ったのであった。

8　国際的パーティーに

いっそう公式の席、しかもアメリカのアリソン大使の催したテーパーティーに招待されたときは考えた。こと国際関係だ。せっかく招待をうけたのに、着物がない。行ったものか、やめにするかとまよった。まよった結果、ものはためしだ、エチケットの実験のつもりで、どういうあしらいをうけるか、このままのカッコで行ってみようと、もしも受付でいやな顔をされたら素直に帰るつもりで、肚をきめて出かけた。もしもアメリカの建国精神が生きているならば、むしろ今日のセールスマンのようなカッコこそけなさるべき筈のものなのだから、その精神がアメリカ人のあいだに今日も生きているかどうかを、試してみようという、積極的な含みで行ったのである。ジャンパーでズックの運動靴の姿で。

受付氏は無事に通してくれた。日本人のように、頭から足の先まで、身分鑑定をするようなことをしなかった。導かれて会場にはいった。その入口のドア近くに、大使夫妻が立っていた。案内してくれた人が、わたくしの名を呼びあげて紹介したら、大使夫妻がニコニコした、何のわだかまりもない表情で握手を求めたのである。そのときのわたくしの心境は探索者のそれであった。果たして大使夫妻の肚のなかはどうなのかをつかみたかったのである。ちょうど握手しているとき、早大総長（当時島田孝一さん）の顔もみえたが、その総長は「やつ、やったな」というように、ニッタリ笑ったのである。

それで、着飾った紳士淑女のなかにはいって、パーテーに招かれた客として、たのしく過ごして帰ったのであった。

愉快だった。アメリカの建国精神は生きている。そのことを書いてみたいと思っていると き、都合よく〝随想〟を何か、と某紙から頼まれたので、「ジャンパー姿でパーテーへ」という文を書いて送った。それが新聞に出た。それをアメリカ大使館で目をつけたという。翻訳して大使館員一同に回覧したそうである。それを読んだ大使館のみなが、「日本にもののわかった男がひとりおったのか。日本人といえばみな、イエスマンであり、イエスレデーであるとばかり思っておったのに……」と、手を拍って快哉《かいさい》を叫んだという。その通信をうけたときはたのしかった。

二、礼儀作法の由来

1 作法の探求

明治生まれの私は「行儀よくするんだよ。お客様だからきちんと坐っておじぎして」などと、母親にいくどもいわれたものだ。子供のときから人一倍ぼんやりものだった私は、いわれなければ、客の前でも、立ったままぼんやり親たちの様子をみているだけだったが、守るべき習慣なのかな、と考えるようになってから、テンポの合わない、真似事の作法をやっていたものだ。けれども更に考えるようになってから、「どうも……」と、私にとっては板につかない作法事について疑問が深くなって来た。特に住居や服装のことを思索するようになってから、具体的につきつめてみたくなったのだ。けれども礼儀作法とは厚い壁だ。住居の自由をも、服装の自由をも、それでシャットアウトしている厚い壁だ。しかも、社会の中で生きている私たちは、いつもそれに直面させられているのだ。

礼儀作法とは何か？　エチケットとは何か？　人と人とが面接したときに、しぜんにお互いが表情や言葉のゼスチュアをとりかわす。そのことが、そのまま作法とかエチケットだともいえるけれど、いっぱんに、作法とかエチケットとかいえばしぜんに出るそういうものではなくて、一定の型、約束づけられた型のことをいうようだ。そして、そのことによって、

エチケットとは、その場その場でちがう筈のものだ。農民や職人などに、紳士淑女のエチケットでは、空々しくて相手は逃げてしまう。上品ということは悪いことではないが、そうすることばかりがエチケットだと思っていると、交際が細くなってしまう。形式を整えた、着物も住宅もとなれば、生計費の個性も失せてしまう。

しぜんに取り交わされるゼスチュアは消されてしまいがちなのだ。

作法における一定の型、約束づけられた型で、住居の構えも、服装の着方もとなってくる。その他、守らなければならないことが沢山でてくる。一向気が進まないのに、「謹賀新年」と何百枚も書いたりしなければならなくなってくる。婚儀屋も葬儀屋もそのために繁昌する。エネルギーも、金も、そのために無駄使いを強いられる。

そういう風に、私たちのあるがままの生活を圧迫しているのに、いっぱんの人たちは、そもそも作法とは何かということには深い疑いをもたないまま、めいめいのくらしを経過させているのだ。

「考えることではないよ、考えるとバカとかアカとかいわれるんだよ」とは果たして世の中というものなのか。

戦前の女子の学校には作法室というものがあった。女子ばかりではなく、はつらつとした気分で大学を卒業して就職の門をくぐり得た幸運な青年たちが、うれしい表情でネクタイの結び方を教わったりしている場面を見ると、その昔藤原一門の公達《きんだち》が、衣冠束帯の着け方を教わっている図かのように見えてくる。

「作法とは社会的な約束ごとよ」という言葉をきくと、では、現代のその約束ごとは、いつからどういう経路で今日のものとなっているのか。昔は。そのまた昔は。外国では……。どういうスタイルを、その約束ごとだとしていたか、そしてきめられていた約束ごとが、どういうきっかけで新しい方向へと移行したか、またはひっくりかえされたか、ということなどは、探ってみるべき課題となっていいのではないか。

そういう動機から、私としての礼儀作法についての探求がうながされたのだ。けれども問題は大きくて広過ぎる。本格の研究専門家でない私には、刃のにぶい鉈《なた》一丁で刻んだ民芸品程度のものしかできそうもない。笑われるのを覚悟の上で語らせてもらうことにする。

2　礼儀作法という言葉

さいしょに、礼儀作法という言葉そのものについて考えておく。礼とは何か、儀とは何か、作法とは何か、そしてさいきん片仮名で書かれているエチケットとは何か、(もちろんエチケットというほかに、西洋にはいろいろな言葉があるが、当面に必要がないので触れないことにする)ということについて。

礼といえば心にかかわること、儀とか作法とかいえば形にかかわること、そして儀とは公にかかわることで、作法とは日常的な場合とされているようだ。

そして、礼儀作法といえば、心も形もしっくりと融合したものを指すことになり、また文字を入れかえて、儀礼と書くと、冠婚葬祭などの式典のときに、参列者たちに式典そのものの印象を明確にキャッチさせようとする目的でなされるもの、つまり劇的効果をねらう意図のものといえよう。

さらに片仮名で書くエチケットとは、西洋の宮廷中心に、ルネサンス以後に用いられた言葉で作法ということに当たるといっていいようだ。

もともと礼とは、古代中国から伝承した言葉で、神対人間、つまり比較できないほど両者の力の格差が大きい場合に、人間は神に対して礼の精神で向かわなければならない、それを王と臣下とのあいだにも用い出したことからはじまっているといえる。そしてそれがわが国にそのまま移し植えられたのだ。

キリスト教国である西洋では、絶対王権の時代にも、王と臣下とは人間対人間という考えでやっていた。何故なれば、王の上に更に神がおかれていたからだ。神はあくまでも聖界のもので、王は俗界のものとされていたからである。だからヨーロッパの宮廷において行なわれたのは作法であって、礼法ではない。つまりエチケットはそれだったのだ。

3　作法のいろいろなスタイル

ケネデーは大統領の就任式には、しっぽの垂れた礼服を装うたけれど、ジョンソンは背広服で就任式にのぞんだと報ぜられている。このことの理由は明確で、ケネデーはカトリック信者で、そしてジョンソンはプロテスタントだから、それぞれ当然なことだったのだ。同じ国の中でも、信仰する宗派のちがいで、エチケットが並存することとなるのが、西洋、特にアメリカ合衆国では常識とされている。

それにくらべると、日本は、日本人は、作法にかかわる服装といえば、たれもかれも、右へならえ式でなければ、「それではいけない」とか「そんなカッコでは失礼だよ」という風に全く独自性をゆるそうとしない。マッカーサーの残していった言葉ではないが、日本人は信仰とか信念とかいうものにかけては、正に十二歳的な国民よ、といいたくなる。

日本人は、世間で行なわれている慣習というものに弱い。ああするものよ、こうするものよと、家庭科の先生あたりが教えることを盲目的にうけとるだけで、なぜそうしなければならないのかという批判力は弱い。

生活の歴史、衣食住、交際ごとなどの歴史を探ってみておると、国と国、時代と時代、また同じ国で同じ時代でも、そのなかに生きている人たちの信念や主義主張などのちがいで、作法のスタイルが、がらりとちがっている場合があることが学ばしめられるのに。

世界的にみて、今日行なわれている作法のスタイルをごく大まかに分けてみると、儒教系のもの、カトリック系のもの、そしてプロテスタント系のものその他が考えられよう。なお回教系、その他の宗教から出ているものや、後進民族の習俗のうちにみられるものなどもあるわけだろうが。

それで、いうまでもなく、これまで日本に伝統として、私たちの心にも形にも、深くしみこんでいた、いわゆる礼儀作法は、儒教系のものであることはあきらかであろう。儒教系の礼の観念こそ、ついさいきんまで、(戦争に敗けて憲法を改正したその以前まで)私たちを支配していたが、それがいわゆる東洋社会といわれる特有な習俗を形成させていた本源だったといわなければならないのである。

これに対して、西洋にはキリスト教にその根源をおいているカトリック系の作法、いっぱんにエチケットといわれるものがある。もともとそれは、中世の陰鬱《いんうつ》だった信仰から出ている中世期風の生活を切りかえて、ルネサンスの思潮で宮廷を中心に作りかえたとみるべきものといえるのであるが。

そして、プロテスタント系の作法といえば、中世末期の教会の諸行為に対する根本的な疑義から、一切の偶像打破、形式主義打破という信念で、きわめて簡素な生活様式をこそと願った人たちのあいだに育ったもので、なかでも著しいのは、その一派である清教徒たちのそれに徹底的なものがみられるのである。

こう考えてみると、信仰と生活のスタイルまたは作法として現われるスタイルとは、うらはらのものだと考えられてくるし、それで日本の仏教と諸宗派は、などとも考えられてくるのであるが、それらは興味ある宿題だといわなければならない。

次に、それらを個別的にみてみることにしよう。

4 日本の古代の礼儀作法

儒教がはいってきて、その礼の思想が皇室の祭祀のなかにとり入れられた。それが、敬神、崇祖、尊王の精神を一環のものとして確立させたのだ。

聖徳太子の十七条の憲法や、大宝律令などをみても、政治の中軸とされたものは礼だった。そして作法はどうだったかというと、今日神官が祭祀のときに行なうあの所作ごとで暗示されているといえよう。そして宮中の役人に位階の制をもうけて、儀礼が行なわれる日にそれが厳かな印象を与えるように、それぞれの位階に応じた衣冠を装うきまりにした。天皇は紫の衣冠、臣下はそれぞれ、青、赤、黄、白、黒の順位の衣冠をつけるというようなきまりにしたのである。この色のきまりは、古代中国で宇宙を形成している元素だと考えられていた、木、火、土、金、水を象徴する色で、土を黄としているのは中国の黄河付近の土の色で、また金《かね》を白としたのは銀が特に尊ばれたことによるのである。

こういう彩《いろど》りの衣冠を装うて、位階の順序で、宮廷の儀礼の場の正面に坐られた天皇の前に、整然と列して礼拝した光景は、それを見る人たちの心に、礼のマジックを作用させたにちがいない。やや規模が小さかったろうが、今日見る、あの奈良の大仏殿の前庭に、鮮かな色彩の法衣をつけた僧たちが立ちならんで、経文を唱えた儀礼の日の光景は、大仏そのものの巨大な功徳に帰依させるに十分だったろうようにである。庶民たちの心は、そのような光景に接した感動によって、服従の心も、帰依の心も高まったと推せられる。儀礼とは、その造形美によって、人々に感動を与える仕組みのものだ。つまり劇的なものなのだ。

それが、中国からの刺激が断たれ、おいおいと崇祖の精神がうすらいで、門閥や派閥がものをいうような平安時代になると、仏教も現実の身に振りかかる幸不幸のための祈願や祈禱をもっぱらとする性格のものになってきた。そして礼よりも作法を心とするようになって、作法のための男子の衣冠束帯、女子の十二単《ひとえ》という、いわゆる平安時代の貴族たちの、あの美しい服装を生育させることになったのである。しかもそれは、先例や慣例を尊ぶ消極的な風潮のために、もともと作法のための用具だった服装そのものが、人格化され偶像化されて、服装が作法を決定するかのような本末転倒の状態を呈するようになったために、けっきょく、美服をつけた貴族たちの昇華作用とでもいえる現象がみられるに至ったのである。こうして貴族たちは弱体化したが、ついに富からも見捨てられるようになって、作法の用具だった服装も十分求められないような哀れな状態へとおちていったのだ。衣食足らずして礼節もまた崩れだし、お互い同志の嫉みで自滅の道を歩いたといえるのである。

5　武家による破壊と建設

礼法を知るか知らないかという関係で、平安時代の朝廷では、殿上人と地下人とが区別された。地方の豪族といえば、なぐり合いや戦いで、じぶんの地盤を築いている者たちだから、礼儀、特に宮中に伝統している礼儀も作法も知らないのが当然なのだ。そして、そのことは、公家たちの目には卑しい者たちにみえたのもまた当然だったろう。

しかし、実話だか説話かわからないが、あの平清盛が、叡山《えいざん》の坊主たちが、京の都に日枝神社のおみこしをかつぎ出してデモ行動をやったとき、「神仏なにものぞ」という感情で真正面から弓をひいたといわれているのは、もはや、昔からの敬神、崇祖などというわ言をいっている時代ではない、そういう根から育てられて来た礼法などという時代ではないという心が読みとれる。事実、公家の政権はめきめきと衰微していったのである。

武人たちは、公家式の儀礼を行なう舞台として構えていた、いわゆる寝殿造りの邸宅にはふり向かずに、大将たちがあぐらをかいて坐り込むような直截《ちょくせつ》な建て方の武家造りといわれる建て方の住宅にした。棚に甲冑をおき、長押には槍や長刀を掛け、家のぐるりには濠や柵を、また櫓《やぐら》をという構えにしたのだ。そして、神の社は近くの適当な場所に移して、家の中の作法は、いつも敬神のために束縛をうけることから解消されるようにした。心の底では敬神の精神を捨てなかったけれど、第一の主眼は武力の強化だったのだ。

こうして武力政権は、鎌倉から室町となって、一応平和らしい世情になったのは、三代将軍義満ごろのときだった。あの金閣寺を営んだ将軍のときである。デリケートな神経の持主としての一面が彼にはあったらしい。身辺のことが、武人的な粗雑さのままだったことも気になり出したのだろう。

義満が、当時の有力な家臣だった今川、伊勢、小笠原の三家に命じて、皇室中心の伝統や、神道や仏教などの儀礼、また民間のしきたりなどを参照して、武家としての作法や服制を監修させたという。そのときの今川家で書いたもの、伊勢家で書いたものが、今日も文献として残っている。

しかし、足利政権も、地方の豪族たちの武力に圧迫されて弱体化していったので、折角築き上げたかと見られた作法も、腰が折られた格好になってしまった。いわゆる下剋上といわれているように、主人も家臣もなく、ただただ強い者勝ちという時代がめぐり来たったのである。そこで、礼の思想も吹き飛んでしまい、作法形式にかかわっている余裕もなくなって、いわゆる乱世という、礼もなく作法もない混乱時代となったのだ。乱世とは作法の破滅時代の代名詞なのだった。

織田、豊臣の時代も、もっぱらエネルギーを戦陣のことにそそいだ時代だった。安土城や聚楽第《じゅらくてい》などという、儀礼に関係のありそうな建物も営まれたのであったけれど、それらは大勢の家臣たちを集めて、大将たる者の威容を示す道具としての建物とみていいようだ。

ただしかし、興味のあることは、このような時期に、遊びごととしての茶の湯がしきりに流行したことだ。それは愉快なトピックだ。しかしそれには、本来の礼儀作法に含まれているような束縛感も圧迫感もみられない。むしろ、生死のなかに明け暮れした武士たちにとってのレクリエーションすなわち気分転換の役をしたものだったとみていいだろう。

6　近世礼法の確立

江戸幕府は、用心深い態度で、諸制度を固めることに成功して、その権力の圧迫の下に天下泰平の見通しがついたとき、教化政策として儒教を採用した。形式化した儒教といわれる朱子学をである。一方では、また、士農工商という身分制を厳重に定めて、職業の世襲のきまりをも作ったのだ。古代の公家の統治時代には、貴族であるか庶民であるかの差別だけだったが、江戸時代には、ほとんど、あらゆる人々に、身分の上下という人間関係を意識させるようにしたのである。つまり、将軍は人間関係のピラミッドの頂上に坐って、それからそれと、底辺までの秩序づけを確立したのである。そしてまた、一家の中の秩序は、男尊女卑ときめつけた。このことは儒教や仏教の思想や、戦陣における能力などを基準とした考えからだといえるだろう。

つまり、将軍の下に、大大名、大名、小名などの段階があり、家来たちにも千石取り、百石取り、何十石取り、などの段階があり、そして庶民には、農、工、商の段階があり、また、人間以下の者たちとみられた賤民もあるというきまりにしてしまったのだ。

こういう風に、人々の身分の上下関係を細かく規定した基盤の上に、江戸時代の礼儀作法が築かれたのだ。用意周到な見事な設計だといわなければなるまい。

『女大学』という本と、『小笠原流の礼儀作法』という本が書かれたが、それを江戸幕府が公認の書としたのは、五代将軍綱吉のときだった。それ以来『女大学』に記された主旨は、江戸時代を通じて守らされ、また、明治時代にもそれが採用されて、女性の学び守るべき書とされたのである。結婚や離婚、日常の心得など、いわゆる三従のおきてなどで、女性は残酷な運命の下に幾代も圧しつけられることとなったのだ。そしてそれに書かれてある主旨で、明治の民法も編まれていたのだった。（戦後になってこの民法が改められて、女性たちが『女大学』の思想からようやく解放されることができたのである。）

ところが、いわゆる小笠原流の礼儀作法の本も、綱吉時代に書かれて幕府に公認されたものであるが、それを小笠原流と称したことにはインチキ性がひそんでいるといわれている。前にもいったように、足利義満のときに、将軍は、今川、伊勢、小笠原の三家に命じて、それぞれ礼法を監修させたのであるが、それらのうち、今川家と伊勢家で書いたものが今日でも文献として残っているが、小笠原家で書いたといわれるものは、元禄時代にすでに紛失してしまってなかったのだという。しかるに、当時の器用人だった水島卜也という人が、その昔小笠原家で書いた原本によって書いたという触れこみで、その当時の風潮に合わせて書いたものを、『小笠原流』と銘をうって広めることにしたのだという。因縁はそうだというのであるが、それは江戸時代に絶対的な指導書とされ、なお、明治時代の学校の教育にもそれが採用されることにもなったのである。

さあそこで、人々の生活はきゅうくつなものとされてしまった。士農工商の身分の序列の上に、小笠原流の礼儀作法の網がかぶせられたのだからたまらない。いうまでもなくその礼法を厳重に守らされたがために、礼法は倫理の世界のものだけでなくて、「無礼者は切捨ご免」などとなったのだから、法的な性格のものとなったといえる。そこで上客と応対するときの舞台装置である座敷が必要とされ、応対のとき着用する服装も必要とされ、言葉使い、起居動作、お茶や食事をさしあげるときのこと、また贈答品のことなどまで、教えられる型通りやらなければならないきまりになってしまったのだ。

それでついに、人と人との折衝のときには、お互いに、頭から足の先まで身分鑑定のさぐりあいをやることになった。身分の格差の程度をみて、頭の下げ方を丁重にするか、簡単でいいかをきめる。「おじぎの仕方には真行草の別ありて……」などと詳細に解説しているのである。住まいの場合も同様で、来客があったときに、上座敷へ通すか、次の間でいいか、などと考えなければならなくなったのである。ものものしい客を迎える家では、上段の間とか、床の間とか、飾り棚とか、書院構えとかが、作法の舞台装置としてのきまりとなったのだからかなわない。

このように、人と応対するときの服装も、座敷も、礼儀作法のきまりによって備えなければならなかったのだから、くらし方そのものが束縛され、また家計にもひずみができることになったのは争えない。あの忠臣蔵の悲劇も、礼法にかかわることがその原因であったことも思われてくる。

その他、結婚式のときの飾りつけ、服装、三三九度の盃事や、あいさつの仕方、結納の品への水引きのかけ方等々まで、あやしげな小笠原流が束縛したのだ。今日でも、結婚をとりはこぶのには、何が何だかということに大きい費用がかかる。それは徳川五代将軍のお好みに従わなければ、という精神にかかわることなのだが。

礼儀作法とは、くらしの上の形式、特に人との交渉のある際のくらしの形式だが、形式そのものに権威づける趨勢《すうせい》となったために、庶民階級のみならず、大名も武士も、また幕府じしんも、ついに破産に瀕《ひん》したとみていいようだ。

その昔、公家は、実力を無視して、もっぱら礼法（御殿や服装）の魔力によりかかっていたがために、実力本位、武力本位の武家にその席をゆずらなければならなくなった。そのこととならべて考えると、江戸幕府は、礼法の形式そのものを絶対的倫理的なものとしたがために、支配者の席から失脚したのだといえるようなのだ。

7　明治の国粋主義という錯覚

明治維新となった。

そこで、着々と、江戸時代の風俗とみられるものが、西洋のものをとり入れることによって、表面的なものから、一つずつ捨てられていった。

作法を愛好したのは、古くは足利義満、江戸時代には徳川綱吉だった。身分の格差によって礼の仕方に、真、行、草の別を守らせたのが綱吉この方のことだ。それで〝最敬礼〟とか、〝どうもあいつは頭が高い〟とかが慣わしとなった。更に、土下座というものも、貴人にはお尻を向けないようにずり下がる、などということもきまりになったのだ。

男子のチョンマゲや帯刀が廃されて、散髪と官員の洋服に変わり、女子も伝統的なマゲやきものを捨てて束髪や洋装へと着目するようになった。下駄ばきは靴へ、傘は洋傘へというように目まぐるしく変わっていった。上流階級者ともなれば、洋館建ての住宅、椅子テーブル式の接客構えをとなった。そういう変更で、おのずから、元禄時代からの小笠原流の作法もノックアウトされたかの観があった。ものごとについての考え方も、万事西洋風をよしとするような、文明開化というムードの波が大きく動いたのだ。ものによっては、江戸時代からのものは目の敵《かたき》かのような感情で投げ捨てられたりした。廃仏棄釈という、仏寺を廃止し仏像を投げ捨てさせたことなどは、深刻な事件だった。

思い出がある。いつか、島根県の浜田市に行ったとき、場末の町のある寺の境内に小さい堂があった。その中に、廃仏棄釈によって隠岐の島から流れて来た仏たちだというのが、四、五十体も納められていたのをみたことがある。一木彫りの等身の仏たちである。それは絶好な明治維新資料なのだろうが、ほっちゃらかされたままだったが。

かつて私は、こういう明治の文明開化時代のことを、西洋のルネサンスのムードが海をへだてたイギリスに及んだときの様相と比較して一文を書いたことがある。ヨーロッパのルネサンス運動といえば、その本場はイタリアだったが、イギリスはそこからは遠くはなれた国だった。だから、本場のルネサンス的風俗や芸術をほとんどの人は見ていない。けれども、本場ものの真似ごとを熱情をこめて模索的に試みた。あの時代と、日本の文明開化時代の様相とには、何か共通したものがあるとみたからである。想像力にまかせて真似をする。そのひとりよがりの主観から出る面白さがみられた時代だといえると思ったからだ。

だが、残念だったのは、日本のルネサンス時代といえる明治維新には、ヨーロッパにみられたような、宗教改革、宗教そのものの内容的改革とみられるものがなかったことだ。廃仏棄釈といって、神道だけをもり立てようとした動きがあったが、それは政治思想からであって、宗教本来の意味のものとはいえなかった。

精神の内奥のことを反省することを忘れたままだったのだ。ながい間の鎖国主義の撤回で、どっと外国文化がはいって来るままの放任だったのだ。しかもそれは、西洋の十九世紀後半の、どっちかといえば靡爛《びらん》した風俗文化だった。それに産業革命というもう一つのお手本が含まれてはいたのだが。

くりかえすことになるが、江戸末期の靡爛した生活様式について反省することなしに、さらにそういう母体に、西洋の十九世紀後半の靡爛した生活様式を断片的にとり入れるようになったのが、明治の文明開化のそれだといわないわけにいかない。そこには政治革命、産業革命があったけれど、西洋のルネサンス時代に示されたようなプロテスタントによる生活革命らしきものがみられないまま、風俗面にあやしげな花が咲いたとみられるのである。

つまり、退潮期にある西洋の風俗を、ムード的にとり入れたがための、当然なむくいとして、文明開化そのものについての反省の時期がめぐって来た。それは明治二十年頃のことだ。西洋のことは必ずしも良俗とはいえない、やはりわが国のものにそれを求めなければという、忘れかけていたものの復活だ。しかし、それがやはり無批判の反動だったとみないわけにいかない。当時のPRに用いた唱名は国粋主義へというのだった。そこでわが国の古い精神、生活の古い芸術や社寺建築などを見直したという点では効果があったといえるが、しかし、生活のあり方については、じぶんたちのおじいさん、おばあさん時代のそれを、そのまた国粋という名の下に復活するという錯覚をしたのである。

先にいったように、江戸末期の生活は、作法の形式に束縛されて萎縮した生活だったのだ。衣生活も住生活も、また家族の人間関係も、当然改めなければならない筈のものだったのだ。しかるに、それをこそ国粋的なもの、守るべきものだとした、その当時の識者たちの誤認はゆるせないものだったといわなければなるまい。

それが認識の誤りだけで済むなら罪が軽いのだったが、その当時新たに興《おこ》した女子教育のための学校の教育方針にそれが編みこまれたのである。元禄時代この方幕末まで守られていた『女大学』や『小笠原流』がである。国粋とは何かということの哲学を、まるっきりぬきにして、記憶に残っているご先祖様のやってきたことを国粋という名の下に採用したのである。学校教育で、綱吉の好みであった、修身教育を、作法の習得をやったのだからたまらない。いわゆる明治式の良妻賢母、軍人や官員たちにとっての良妻賢母といえる女性たちが、こうして出来上がったのだ。

明治は遠くなりにけり、ではないが、とにかくその当時の教育をうけたおばあさんたちは、まだ現実に生きているのである。そういうおばあさんたちは、いまでも、作法とはそういうものだと信じているらしい。

礼儀作法についての認識の世代的層が、一家の中にも、社会の中にも、いろいろなまさつを生んで生きている。その原因は明治時代の教育のあり方にその源があるとみなければならないが、それが婦人たちばかりにみられるのではなくて、男子たちにも、そのいわゆる国粋的な作法観念がしみ込んでいる。江戸の留守居役（大名の不在中藩の代表の役を勤めている武士）たちの一杯飲む風習、しかも常にそれは花柳界の料亭でという風習は、今日のサラリーマンたちの社用族といわれている風習に、ほとんどそのまま継承されていることも、明治時代の国粋主義という思想から来ているとみられる。家庭には、もくもくとして夫に奉仕している良妻賢母がおり、外には、昔さながらの武士がやった風習をそのままにうけついで、芸者とかホステスとかに酌をさせている国粋的な亭主という組合せでやっている現代日本の家庭をみて、「ワンダフル」と叫ぶのが外人であるが、それは必ずしも外人ばかりのことではあるまい。

日露戦争の後に、いくらか国際的な視野が開けてきてから、西洋のエチケットを習得させることも教育に加えられた。洋食の調理法や、テーブル・マナーも習得させるようになった。しかし、元禄式の国粋（？）的作法もやめられることなく、和洋並立というかたちが、中流以上のものとされることとなった。和風の座敷もあり、洋間もあるというわゆる二重生活におとしこむようになったのだ。それが、だれにも、煩雑さと、じれったさを感じさせたのだが。

三越で、元禄模様の芸者のきものを流行させたりしたのも、この時期のことだった。ずっと後のことになるが、私の家の娘が、当時の女学校に通うようになったとき、床の間というものを知らなければ恥ずかしい思いをするだろうという親心で、わが家にも床の間らしいものを作って、「これが床の間というものよ」と教えてやったことも思い出されてくる。

とにかく、そういうあやしげな国粋主義の作法は、学校教育という枠の中で、明治、大正、昭和まで、ずっとつづいたのだ。

8　世界大戦による改革

十九世紀までの戦争は、政権者と軍人、財閥だけでやった戦争だとの感があった。けれども二十世紀になってからの戦争は、規模が拡大されて、文字通りの世界戦争といえるものになった。戦争に直接参加しない国民も、総動員された。みんなの労働力が戦争のために提供させられ、また、国の中にあるかぎりの資材という資材も徴用されることになったのだ。

それで、敗けた国はもちろん、勝った国も、戦後には、人力や資材の欠乏になやんだのである。特に戦陣のちまただった区域は、徹底的にゼロ状態になってしまった。

衣類も、食物も、住居も、ゼロにされてしまったところには、礼儀作法という冗漫《じょうまん》なことが行なわれる可能性はない。こうするのが常識だからということも通用しない。これまでの作法で形成されていた、地にひくような女性のスカートは第一次戦争中に短く切られてしまった。女体の形式美のために、伝統的に愛用されていた、胴を固くしめつけるコーセットもとり去られてしまった。いろいろとデザインされる慣わしだった髪も断髪になってしまった。まるで、フランス革命時代にギロチンに送られる人たちの姿かのように。住宅は急造されたが、そのアパート式の住居には、客間というものをもうける余裕がなかった。そして幾皿も出るのが常識だった食事の形式は、ランチ式の一皿盛りのものになってしまった。こうして歴史的な伝統を持つ礼儀作法やエチケットは、衣食住の部面では、行なわれがたいことになってしまったのである。

資材不足ということと、労力の経済ということから、そうならざるを得なかったのだが、そうあることは、新しい平等精神を盛った民主主義社会における正常な生活で、これまでのような不平等な生活に対する慣習打破、いな因習打破ではないかという意識も芽ばえてきたといえるのである。そしてまた、それは経済事情からやむなくそうなったのだったが、そういう簡素な生活を経験させられているうちに、そういう生活にこそよろこびを見出すというような積極的な認識も湧いてきたといえる。

第一次大戦に、日本もタッチしたのであったけれど、それによる被害はほとんどなく、むしろ、戦争があったために、国力が増大したかのような立場だった。それで、世界の先進国にみられた、戦争による生活革新は、直接的な現実としては現われなかった。川向こうに現象している事件としてしかうけとれなかったのだ。

しかし、そういう川向こうの状況に感染したのが、日本の有識者階層の人々だった。インテリ諸君だった。思想としてのデモクラシーの提唱が賑々しく唱えられ、欧米で戦争の結果として当然実施されるに至った婦人参政権を、わが国にもと叫ぶ新しい婦人のグループ、旧慣を捨てて簡素な生活をという主張、チャンスをつかまえて「政治的飛躍を」という理想家、などのさまざまな動きが現象したのである。

けれども、それらの動きは、戦争の悲惨事を現実として経験しなかった日本では、強力なものとして伸長しなかったのである。

それらのうちで、礼儀作法の改革に、いくらかの効果をあげ得たのは、有識者たちによる「文化生活」の提唱であった。生活改善同盟会という団体が、半官半民のかたちで結成されて、接客本位の住居を家族中心のものに改めよう、椅子式にしよう、食事は一皿盛りにしよう、形式的な贈答のやりとりはやめよう、冠婚葬祭は簡素にしよう、などと提唱したのである。

それは大正七、八年頃のことだったが、大正十二年（一九二三）の関東大震災は、住宅その他を新しい方針で営ませるきっかけとなった。偶然なチャンスだったのだ。

大震災で、東京も横浜も、焼野ヶ原になったので、住宅はもちろん、衣類も家財もゼロにおとされてしまったので、生活についての哲学も変えられたのだ。そして新しい住宅の営みは、今日の大東京の広がりを暗示するように既成の市域をはなれて郊外へということになった。そこで、生活改善同盟会の方針に共鳴した家々が建てられたが、それは、赤瓦の屋根で、客間などをとらないリビングルーム中心の小住宅だ。そして庭には芝生を植えて、子供たちの遊び場に、という方針のものだった。

そして婦人たちが、和服から洋服へということになったのも、大震災がきっかけだったといえる。婦人の洋装は、明治の文明開化の鹿鳴館時代にも着られたのだったが、その当時の洋装は金もかかったし、行動にも不自由な服だったので、上流階層者でなければ着るわけにいかなかったのだ。しかもそれは国粋主義の提唱時代になってからは、全くあとかたもなく消えてしまっていたのだった。しかし、第一次大戦で改革されたショート・スカートの洋服はたれでも気軽に着られるスタイルなので、大震災でタンスを焼いてしまった人たちに、洋装に変える気運を生んだのである。

住宅は新しい方針で建てられ、また服装も洋服と変わったので、当然、礼儀作法も変わる運命のものとなった。旧来の礼も作法も新しいものに切りかえられなければならなくなった。どう変わったかといえば、デモクラシーの叫びに通ずるものがある、エチケットへである。西洋でいうエチケットという言葉は、身分的階層にこだわる重苦しい神秘的な含みのある「礼」とはちがう。いわば社交技術としての軽い作法とでもいうべき性格のものだ。文化生活の胎内から出たといえる、パパとかママとかいう親愛感のある言葉などは、エチケットの観念から生まれたものといえる。事実、今日いっぱん家庭でいわれているパパとかママとかいう言葉は、文化生活といわれたなかから生まれたのだ。こぢんまりした卓子の上で、コーヒーとか紅茶とかを飲み合う席から生まれたのだ。

西洋の第一次大戦後に必然的に現われた生活改革を憧憬して、戦争による悲惨事を経験しなかったわが国にそれを移植しようと努力した有識者たちの願いは、ロマンチックにうけとられるであろうけれど、第二次大戦の後に展開しているわが国の生活改革を思うときに、何かのきっかけを与えてくれたものとはいえよう。

文化住宅にあこがれて、ショート・スカートのモダンな洋装で、朗らかにくらしていた時世に、いよいよ第二次大戦のけはいが現われ出した。これからはどうなるのか、という不安な状態におとされた。そういう不安を胸に抱きながらも、表面だけは朗らかに、喫茶店に酒場に、そして婦人たちは派手な衣裳でくらしたのは一九三〇年代の世相だった。

しかし、戦時的な統制の手が、いよいよ厳しくなって、戦争の準備体制が露骨に現われるようになる。労働力と物資とが、何ものかに集中されていったのだが、そこで三次的四次的な各種のサービス業はストップされるようになってきた。

一つずつ、個人的な趣味にかかわることがとり去られていく。男子の服装は、国民服という圧迫感を含むものに統一され、それがそのまま軍隊の服に融通される仕組みのものとされた。服装は礼儀作法を変形させて、並みの人たちまで挙手の礼でという傾向になった。そしてどんな席へでも、国民服ならば礼を失したことにならないとされた。婦人たちはモンペをはくように指令された。婦人も銃後に働く一員とみなされたからだ。すべての生産機構は戦争のためにふり向けられ、またすべての国民は戦争のために動員されるかたちだったのである。

画期的な情景が展開された。いよいよ戦争が本舞台になる。みなが張りつめてくらして、疲労したのだ。そこでエチケットも礼の観念も消散してしまった。みなが場末の住人のように行儀も崩してしまったのだ。

文部省はこれに手を打った。『新礼法要項』というパンフレットを作って、学校へ、また一般人へ配布した。それに書かれている重点は、「作法という言葉は形式が主であるから、

ルイ宮廷で成熟したエチケットは、見た目には美しい。レデーにダンスのパートナーになってもらうときの作法もこれだ。「形」だけで「実」がないと儒教の礼の思想からはいえる。派手な席では、男性がホステスの役割りをひきうける。

それにこだわっていると、作法の内容である精神をおろそかにしがちになる。だから作法といわないことにして、礼法という言葉を使うようにしたい。形と共に心を重くみるようにしたい……」というのだった。

デモクラシーの風潮をとり入れて、文化生活をこそと説いていた学校教育は、礼という言葉よりも、エチケットすなわち作法ということに重点をおく方針になっていたのに、それがまた裏返しにされたのだ。衣食足って礼節を知るという原理を裏返しにして、衣食足らずして礼法をこそと、呼びかけたのである。正に非常時局だったのだ。

さて、戦争の終わり頃から、戦後の数年間は、文字通り、衣食足らずして礼節もまたなかった時期であった。だから、そういう混乱の時期に生い立った今日の青年たちにとっては、礼とは何か、作法とは何か、ということをまるっきり経験していない。大人たちは、闇買いその他のカンニング的な行動ばかりしていた。それを見て育ったのだから、今日の社会問題とされている非行うんぬんも、と考えさせられる。戦前の教育をうけた人たちは、少くも作法を習い、また礼についても思うことができるのに、戦争中に幼年期や少年期を過ごした人たちは、それの逆ばかり見せられて来たのだから、あのときから二十年を経過した今日の、家庭において、社会の中において、二つの異質な世代が互いに対立関係におちがちなことを、どう考え、また処置したらいいものなのか。それは困難な課題だ。

くりかえすことになるけれど、封建社会における礼とは、いつも対者とのあいだに身分の上下の別があるということが前提条件だったのだ。家庭でいえば、親が上位で子供たちは下位、夫が上位で妻が下位という観念が基盤とされて、伝統的な礼儀も作法もあり得たのだ。

しかるに、戦後の新しい憲法や民法では、そういう身分制が消散してしまっている。人と人との交わりは、お互いの敬愛の情が基本とされるのだとなってしまっている。でも、そこにもおのずから礼といっていいものがあるのではないか、というか知れないが、まぎらわしい言葉はなるだけ使わないほうがいいのではないか。

今日では、礼とは神仏の前で額《ぬか》ずく場合、亡くなった人の葬式にのぞんだときに、その霊前に額ずく場合などにかぎられるのではないか。役所や会社の上役には、と疑問が湧くか知れないが、そういう場合はエチケットであり、作法であっていいのではないか。

9　カトリック系のエチケット

では、西洋の作法とその精神について学んでみよう。日本に伝統していた作法（礼儀作法）は、その精神を中国の古代の思想である儒教にその源をおいているといえるのに対して、西洋の作法（エチケット）の根はキリスト教に求められるといえよう。

中世ヨーロッパの人々は、教会で教える以外のものは学ばなかった。それで人と人との折衝のときは、いつも神を仲介とする精神で行なわれていた。しかし、中世末期には、その本来の精神は薄れて、形式ばかりが重要であるかのようになった。精神はとにかく、形式を整えることで救われるのだという風になったのだ。神の御座所として立派なチャーチを建て、飾り立てた祭壇をもうけ、そして僧侶たちは儀礼服をそれぞれ着て……というような形式が大切だとされていたのである。

そういう中世カトリックの方針に不満を表明して、優れた指導者たちは、ローマ教会から分離して、形式にとらわれることなく、ただただキリストの言行だけに帰依しようとして独立したのはプロテスタントであった。それは宗教改革と呼ばれているが、おのずからそこに、衣食住の様式や交際のときの作法その他、生活全般にわたる改革が結果されたのである。宗教改革すなわち生活改革だと、私はいっているのであるが。

十七世紀になって、あきらかに、カトリック信者とプロテスタントとのあいだに、生活様式の対立、風俗上の対立が形成されて、お互いに坊主がにくいと袈裟までにくい、という感情の対立から激烈な闘争がみられるに至ったのである。

で、ここではまず、カトリック系のエチケットから話してみよう。

もちろん、ルネサンス時代を経過したカトリック信徒たちが、中世そのままの生活には満足できなくなったのである。中世の終わりに、イタリーで起こったルネサンスのムードに共鳴させられるものがあったからだ。古代社会の享楽的で朗らかな社交には魅惑されずにはおれなかったのだ。

たとえば、カトリックの信者であり、またルネサンス時代の文化運動の立役者であったエラスムスの書いた作法の本が、当時の識者たちのあいだに愛読された。特にそれは、フランスの宮廷貴族たちに感化を与えて、中世的な憂鬱さから脱皮した新しいエチケットをうながした。もちろんそれに対して、僧侶たちは厳しく反発した。「人間には神から与えられた指というものがあるのに、気違いが考え出したフォークというものを食事のときに使うとは何事だ……」というように、新しいエチケットに対して非難したのである。ルネサンスという文化運動は、こうして聖界と俗界との生活観念を遊離させることになってしまった。寺院中心の伝統的な聖なるものと、宮廷や富豪たちの俗的な享楽本位のものとの分離である。

エラスムスよりも一層細かく作法のことを書いているのは、イタリー人バルダッサーレ・カスチリョーネの本だといわれている。それが、フランスのフランソア一世のときだったが、それには、食卓の作法や服装についての注意事項、交際のときの心得などが記されている。とにかくそれは、中世の陰鬱な、圧迫的な雰囲気から脱却した、清新な朗らかなものだったから、いっぱんに歓迎されたのであった。

貴族たちもいっぱんの人たちも、この新しいルネサンス的なエチケットに共鳴して、邸宅の建て方や、服装の整え方や、その他の交際事を一新したものにしたのであった。

日本の元禄時代の小笠原流の作法とくらべると興味が湧いてくる。東洋的な儒教的なそれと、人間主義的なルネサンスのそれとが比較されるわけであるが、儒教では、人と人とのあいだの身分の上下関係を重点として、下の者が上の人への礼儀作法を主としているのに対して、ルネサンス時代の作法すなわちエチケットは、キリスト教の精神で、神のもとでは人々はすべて兄弟姉妹であるという平等観に立って、みなで、一層たのしくくらすためのエチケットだったのだ。両方共、それがおのずから邸宅の構え方に及び、服装のあり方にも及んだのだった。

たとえば、新しい王や王妃が位につくと、王や王妃の好みの御殿を造営し、好みの服装を装うて玉座につく慣わしだったが、宮廷の貴族たちが、そのお姿を仰ぎみて、王や王妃の趣味にならって、めいめいの服装を新規なものにするのがエチケットにかなうことだったのだ。ハゲ頭の王様が、ハゲかくしに鬘《かつら》を装えば、立派な毛のある紳士たちまで鬘をつけて、王のお好みに応えることが作法だったのだ。

日本では将軍は将軍としての装いが決定されており、大名は大名の装い、家臣は家臣、そして、農工商と段階づけられた庶民は、またそれぞれきまりの服を着てというのが、半ば法的にきまっていた。もしも庶民が武家のような装いでもしたとすると、身分をわきまえない不埒者《ふらち》として重く罰せられたのだが、これらのことで考えられるように、日本の礼儀作法とルネサンス以来の西洋のエチケットとは、まるでちがった性格のものだったのだ。上級者をあがめ尊ぶために、下級者は一段卑下した装いをするというのが、日本の礼儀作法の精神であったし、上級者に迎合する心で、上級者の趣味とした装いを下級者も真似るのが西洋の近世のエチケットの精神だったのである。

このような、根本的にちがう意味の伝統があるということを認識しないままで、礼儀とかエチケットとかいっているから、ちぐはぐな社交、混乱した社交の情景がみられることになる。ある場合には悲劇を生み、またある場合には喜劇の舞台さながらになる。

「どういうご宗旨の作法ですか……」と問うてみたくなるのがしばしばだが、今日、カトリックの信仰が行なわれている国々では、伝統的な形式的なエチケットはやかましい。身辺のことになるが、いつか、ブラジル大使館から、パーテーの招待をうけたことがあった。けれどもブラジルといえばラテン系のカトリック式の作法の国だと見当がついたので、そういう会合に出る服を私が持っていないので、出席をお断わりしたことがあった。またこれに類したことだが、東京オリンピックを目当てに東京のそこここに豪奢なホテルができたが、そういうホテルで催す結婚披露その他の紳士淑女たちの会合の案内状をもらうこともひんぱんになった。けれども、そういう豪勢な会合に出るような服を持っていないので、いつも私は

「欠席いたします……」とお返事を出しているのである。妙な制服まがいの飾り服を装うて玄関に立っている守衛などに、「ネクタイをぶら下げていない方は……」などとつっぱねられるのがしゃくだからだ。

10　プロテスタントと作法

カトリックに対してプロテスタントは、形式主義的なこと一切を退けている。祭壇の飾りも何もない、普通の集会室で、キリストの言行を記したと伝えられている『新約聖書』を基本として、平服のまま、伝道者が説教し祈禱する。キリストその人の言行をそのまま行為することが、信仰に通ずる道であるという主旨なのだからである。特にプロテスタントの一派である清教徒あるいはクウェーカー派の人たちは、特別厳しく、めいめいの生活態度を吟味している。そういう一派の人たちと、カトリック系の人たちとは、ヨーロッパの舞台で、はげしい争いをやったのであった。

かれらは十七世紀に、その当時、カトリック系の宮廷から出た流行スタイルであるバロク・スタイルの装いをきらって、きわめて素朴な黒っぽい服装をしていた。服装をみれば清教徒であるということがあきらかだったのである。そして「王の前でもわれわれは帽子をぬがない。神に額ずくときでなければ……」と公言していたのだ。生活のすべてが、そういう態度で営まれた。住居には、カトリック信者たちのような、ぎょうぎょうしい客間も食堂もない。すべての人々は神の子、兄弟姉妹だという考えで、家族たちのリビング・ルームに客を坐らせた。そして、家族たちと同じ食事を供したのである。ご馳走を賑々しくしないで、一皿盛りだった。交際上の言葉も動作も、すべて形式ぬきに、自然なままを良しとしたのである。いわゆる作法ならざる作法、エチケットならざるエチケットを守ったのだ。

こういう風に、プロテスタントにとっては、宗教改革は、生活改革とつながっているのであった。

先にもいったが、十七世紀に、イギリスの清教徒たちは、信仰の関係で迫害をうけた。一団がオランダに逃げたが、ついに決心して、その当時の新大陸だったアメリカに移住したのである。「形式主義に満ちているヨーロッパ社会を去って、新大陸に渡って新しい国づくりを……」という意図だったのだ。いわゆるフロンテア精神とはそれなのだ。今日のアメリカ合衆国の国柄は、こういう人たちによって築かれたのである。

今日でも、ヨーロッパ人の生活態度と、アメリカ人の生活態度とのあいだに対比的なものがみられるのはこういう因縁からなのである。もちろん今日のアメリカ合衆国は、多様な人々の混合だから、カトリック信者も、その他の宗教の人々もまじっているから、公的な社交の場の作法や、日常生活には、徹底していない節もあるけれど、比較的にみた場合には、服装や作法の型にはこだわらない寛容さがあることがうかがえよう。

よく働いて、そして簡素な生活をしておれば金が残るし、なまけていて享楽生活をしておれば貧乏する。というのは簡単な理屈であるが、このことはプロテスタントの色彩の濃い国と、カトリックの色彩の濃い国との、それぞれの国力に示されているといえる。経済史で語っているように、プロテスタント系の国々には、財の蓄積によって、おのずから資本主義が生い立つことになった、とはそのことを語ってくれているのだ。

かえりみれば、江戸の政策としてとり入れた礼儀作法にかかわる財と人間エネルギーの浪費によって、ついに江戸幕府そのものが破滅の運命におちたといえるし、また、カトリック的エチケットで華やかな社交生活を享楽しつづけた近世フランスの王家も破産した、等々のことを思うと、礼儀作法というものについての反省がうながさるべきだろう。

三、きものの伝統

1　歴史のあら筋

たとえば、古墳時代のハニワで暗示されている服装、また奈良時代に大陸からの感化を自由にうけ入れたときの服装には、あの万葉のうたにみるようなおおらかさがあって、発展性も予想できたのである。

けれども、官僚政治ががっちり固められた平安時代になると、スタイルの伸びが封ぜられてしまって、先例を尊び、慣例を重んじて、きめられた枠の中で萎縮してしまったといえる。その時代の服装はそれなりに美しいものではあったが、服装とはこういう形のものだという風にきめつけられたことには共鳴できないところがある。

そして時代が経過した。宮廷の官僚貴族すなわち公家の権力が絶頂に達し、そして、衰微した。公家たちが地方に領有していた土地からの年貢がとだえがちになり、ついには、規定通りの装束《しょうぞく》を調えることもできないように貧窮におちた公家もできてきた。きまりの装束の下には中着として小袖と称される衣を着ていたのだが、うちうちの客には、その小袖姿で応対するという慣わしが生じたのだ。その公家たちの着ていた小袖こそは、今日私たちがいっているきものすなわち和服と、その形式が同じものだったのである。貧乏人は麦を食えではないが、貧乏公家は小袖だけでという、妙な竹の子生活から、きものの装いは生まれたといっていい。

宮中で着ていなければならなかった男子の装束も、女子の十二単も、いわば宮廷人であるというシンボルの意味のものだったのである。そして、それをぬぎ去ると一般庶民たちの姿と差別なかったのだ。

おおげさな比較になるけれど、十八世紀末のあのフランスの血なまぐさい革命のときには、ロココ・スタイル系の宮廷服を装うておれば、たれかれの差別なしに、ギロチンへと運ばれたあの悲惨事とくらべると、日本と西洋との国柄のちがいがうかがえる。日本では平安末期の公家たちは、じめじめと貧窮へとおとされていったのに……。

武家統治の時世になってからは、武人たちが儀礼の座につくときには、公家の装いをいくらか簡便化したものを着用したが、日常は小袖姿で男子も女子もくらすようになる。

おいおいと中着だった小袖が昇格して、表着として着られる趨勢《すうせい》になってくる。そこで人に見られる服を美しくしたいという本能が作用してきて、無地ものだった小袖に、柄もまた色彩もとり入れられることとなる。

こうして美しいきものとして完成したのは、桃山時代の秀吉の天下のときだといえるだろう。あの華やかな醍醐の花見の情景では、女性たちの華やかなきものはひときわ印象的だったのだ。染めの技術も縫い文様の巧みも、既に国宝級のものとなっていたのだ。

政権が徳川に移ることになって、民を治める政策が厳しくされたので、桃山時代のきものの花も枯れてしまった感がある。（家康じしんはどうして仲々おしゃれ者だったのですよ、戦に着て出た陣羽織だという遺品などでみると、とは遠藤武さんの語る話だが。）江戸幕府は、形式主義的な儒教の倫理を政治に滲みこませてからは、もはや服装とは創案すべきものではないと、みなに考えさせてしまった。将軍には将軍の装い、大名には大名の装い、武士には武士の装い、農民には農民の装い、町人には町人の装い、というように、服装と身分とはきりはなすべからざるものだという観念を植えつけて、動きがとれない羽目におとしこんだのだ。

しかし、そういう風に厳重にきめつけたのだけれど、ぬけ穴があったのだ。江戸時代には身分以下の者、人間扱いをしなくてもいい人々とされた賤民といわれたグループがおった。そして、かれらは風俗取締の埒外のものたちだった。その賤民といわれるグループのなかに、歓楽を売りものにする人たちが含まれておったのだ。河原者といわれた役者、遊女、芸者の類いはそれである。かれらは、天下晴れて、派手な衣裳を創案し、髪形の奇矯なデザイン、胴を巻きしめる広い帯、大振袖等々を創案し、また魅惑的な着付などで、人々の注目をひくのにつとめたのであった。きものの形、柄、着付はこうして生い立ったのだ。

2　哀感をそそる衣裳

くりかえすことになるが、江戸時代のことをもういっぺん語ってみる。

お城の石垣でも積み固めるように、江戸幕府は、せっせと、被支配者たちの身分の枠を固めるにかかった。士農工商のそれぞれを、がっちりと世襲的に釘づけしたのである。そして、人間は裸でいたのでは、身分の高下はわからないから、一見して身分がはっきりわかるように、チョンマゲの結い方から、きものの着方、履きもの、持ちものにいたるまで、それぞれ規定通りに守らせるようにしたのである。庶民層ばかりでなく、上は大大名から、十万石以上、一万石以上などと分けて、それぞれ、城の構え方、家の作り、家来の数、乗りものの別などまできめつけてしまい、家来たちにも、家老から足軽まで、それぞれ段階がわかるようにきめたのだ。また、農民は草屋根の家で麻のきもの、町人は草屋根か柾屋根の家で、という風に細かくきめたのだ。

それで、城下町の風景も、農村の風景も決定づけられ、添景人物の姿も、いわゆる江戸時代のものとなってしまったのである。

さあそこで、かくされた場所があやしげに栄えたということも洞察できるであろう。束縛された人々のいきぬきに行く場所がである。飲めや唄えやという行為が湧きたつ場所である。そうして、そういう席を賑わすホステスたちも想像されてこよう。

賤しい人たちは風俗取締りの枠外だったから、おしゃれがその人たちから発行されたのである。

古くは、京の四条川原の掛小屋で、阿国《おくに》が派手な衣裳で芝居をやった。阿国じしんに、時代への反逆心があったかどうかはわからないが、風俗の上からは型破りをやったらしい。束縛風俗のなかに入れ込まれているいっぱんの人たちはその衣裳姿に魅せられて拍手をおくった。チャームされてしまったのである。歌舞伎の伝統はそこからはじまったといわれているが、同じような場面はほかにも現われた。諸芸人、舞妓、遊女などである。かれらは遊廓において、茶屋料亭において、空想をそそり立てるような装いで、太平の世の中で退屈している武士たちや、また、気晴らしを求めている町人たちをひきつけた。

江戸時代の人々にとって、劇場や、遊廓や、茶屋料亭などは、今日の子供たちにとってのデズニーランドにも当たるかのように、うれしい場だったのである。そういう場でサービスにつとめている賤しい人たちにしてみれば、「どうせ……」というなげやりな気分のまま、派手な衣裳で、身分ある人たちを「おいでおいで」とやった心情もわかる気がする。つまりさげすまれた人たちの哀感から出てくる行為、そして化粧や衣裳を道具として。

元禄時代に公認となった、今日の教科書のような意味をもっていた『女大学』や『小笠原流』が行きわたることと平行して、人々の気晴らしの場、レクリエーションの場が、華やかに繁昌する趨勢になったことは、ものごとには、表と裏とがあるという理屈でわかるのだ。こうして良妻賢母と、遊蕩亭主、形式の世界と人情の世界との二重社会の並存がみられたのである。

こういう人間模様は、いまでいえば、官庁や会社勤めのサラリーマンたちが、日々の単調な事務的作業に圧迫を感じて、時間がはねてから、郊外のアパートにおる良妻賢母式の妻君の所へまっすぐには帰らないで、銀座裏や有楽町界隈のバーやキャバレーなどで、ホステスたち（江戸時代の賤民族といえば失言になるだろうが）の膝でなぐさめられている図は、まるで元禄時代の現代版だともうけとれよう。そして、ホステスともなれば、もちろんわが家の妻君よりも、化粧も、衣裳も、表情も魅惑的だ。

今日のきもの（和装）の美は、こういう場面でサービスにつとめる人たちの、たのしみと苦心とによって成熟させられたとみていいのではないか。江戸時代のスタイル・ブックとみられるものは、絵草紙であろうが、描かれているモデルは、ほとんど、そういう商売女であることを思い、またそれが、たれにも愛玩されて伝播したのだから、知らず知らずの間に、いっぱんの人たちのきもののスタイルにも感化を及ぼしたものと考えられよう。

3　外人に理解してもらうのはむずかしい

面白い経験談を語ってみよう。

戦後のある年のことだった。代々木のワシントン・ハイツ（現在のオリンピック競技場の建っている場所にあったアメリカの軍人住宅地）に住んでいるアメリカの婦人が、日本の服装の歴史を学びたい、といっていますのでお願いできませんか、と自由学園の山室善子さんから話があった。概略の筋だけでいいのだろうと思って、山室さんに通訳をお願いする約束で、その婦人の家に行ったのである。

相当年配の婦人だった。待ちかまえていたというように、早速リビングルームの茶卓の一つをひきよせて座を作り、大型のノートと万年筆とをかまえて、まるで学校の教室で講義でもきくようなかまえをされたのにはちょっと驚いた。婦人雑誌などを気楽に読んだりすることが習性かのような、日本の家庭の奥さんたちには期待できないような真剣さだったのである。

それで、一通り、古代から中世、近世と服装が変化して経過したことを、絵を見せながら解説したのであるが、江戸時代のきものの流行の話になったとき、その当時の賤民といわれていた人たちの創意工夫だったスタイルが、いっぱんの人々の憧憬を呼んで、しぜんにそれが流行することになった、といったらば、婦人から「ストップ」を食った。質問が出たのである。そして、婦人はカバンの中から一枚の写真をとり出して、

「この花嫁衣裳の来歴を説明して頂けませんか。アメリカに帰ったら、特にこれを話題にして知人たちに土産話をしたいと思っていますから」

というのだった。

婦人は江戸時代のきものの解説について、大変不服だという表情だった。しかし真面目な研究的な態度だったので、私は肚の中で考えていることを露骨にいったのである。

「この裾模様のきものは、江戸時代のゲーシャがはじめたもので、頭の髪形は江戸時代のオイランの創意工夫がその源になっているのです」

といったらば、アメリカ婦人は驚いてしまった。そんな滅茶なことはある筈がないという厳しい表情で反発した。

アメリカの婦人に、日本の花嫁衣裳の解説をしたらば、〝ワンダフル〟の連発だった。「どこの国にパンパンの衣裳を花嫁に着せてということがありますか」ときびしい詰問だった。そのことは、江戸の武士たちの風俗というものについての認識の貧しさ、今日の紳士淑女たちの認識の貧しさから来ているのだが、貸衣裳屋とか婚儀屋がいよいよそのために繁昌しているのである。

「では、ニッポンの娘さんたちは、オヨメサンになるときは、あのいやしいパンパン・ガールになったような気持になるのですか」

と浴びせられたのである。

「そうではないでしょう。学校の家庭科でも結婚式の服装のことを教えているのですから」

と答えたのであるが、なんとしても、そのことは納得できないもののようだった。

「じゃ、どういう理由なのですか」

と、一層厳しい。

そこで、私は即席で、そのことの説明のために、学問的な創作（?）をしなければならなかったのである。

「そのことは、日本の江戸時代というものについて説明しなければご理解できますまい。こうだったのです。あの日光の東照宮とならべて祀られている大猷院《だいゆういん》の三代将軍家光のとき、大名たちに対して、厳しい法律を作りました。参観交代という制度です。それは、大名たちに江戸に屋敷を構えさせて、大名とその妻とを住まわせたのですが、大名だけを一年おきに国もとに帰して、妻を江戸屋敷に釘づけにしたのです。それで大名という大名、また大名たちのそばに侍している家来たちも、妻が江戸におる場合と国もとにおる場合とあったから一年間は妻と一緒にくらせるけれど、次の一年間は、はなればなれでくらさなければならなくなりました。それで大名たちは、第二の妻、第三の妻を必要とするようになり、家来である武士たちもまた、そのようなことが公然とゆるされたのでした。しかし財力のとぼしい下級の武士たちにとっては仮りの妻が必要だったのです。それで幕府は、江戸にヨシワラというくるわを作って、オイランつまり妻の代用役をつとめる女性たちをおいたのです。そしてそれに付随して、茶屋とか料亭とかも構えられ、ゲーシャもおるということになったのでした。とんでもないこととお考えになられるでしょうが、それが江戸時代の事実だったのです。ヨシワラで歓楽を求めることも、ゲーシャと共に歓楽を求めることも、あえて道義に反することではないとしていたのが日本の江戸時代だったのです。

「それで、しぜんに、オイランもゲーシャも、客である男性をひきつけるような美しい装いを競うようになりましたが、そういう衣裳はいっぱんの注目をひいて、流行は花柳界からというのが、江戸時代を過ぎて明治時代になってからも通用していたのです。

「江戸時代には再三奢侈取締令、つまり身分の枠をはずれない服を着るように布令が出たのですけれど、目新しい美しい服にひきつけられる傾向はやみませんでした。武士の妻も町人の妻も、しぜんに、江戸時代のデザイナーの役割りをしていたオイランやゲーシャの装いにひきつけられたのです。

「そういう風に、江戸時代のきものや髪形の流行は、賤民といわれてさげすまれていた、恋を唄い、恋を売る女性たちの手で、きものも、帯も、着付けも、デリケートに工夫が積まれて、それらが、上級者の方へと逆流したのでした。そういう因縁で生まれた装いが、今日の結婚のときの晴れの衣裳となっているのです」

苦しい説明だった。アメリカ婦人（おそらくプロテスタントの婦人）にとっては、それはとんでもないこと、あるべからざること、という考えが、動かないもののようだった。

「ワンダフル！　ワンダフル！」とくりかえして、「どこの国にそういう不名誉な現象はあったでしょうか。流行とは、いつも、上流社会からはじまって、おいおいと下層社会へ模倣され伝播するというのが、動かせない原理なのに」

とは、アメリカ婦人の最後の言葉だったが、これ以上つとめても無駄のようだった。

近世ヨーロッパの流行史と、近世日本の流行史とは、全く異質のものだ。『菊と刀』、あのベネデクト女史の本にも、こういう解説をしてくれてはいない。社会学者タルドの説いているあの模倣の原理ばかりが、流行の原理だと学んでいる人にとっては、余りにそれは異質のものだったろう。

西洋の近世の流行のことは、前にもいったと思うけれど、その筋書きだけをいってみるとこうだ。

流行といえばフランスが中心であるが、フランスの、フランソア一世、ルイ十四世、十五世、十六世、そして十六世の妃マリー・アントアネット、さらにナポレオン一世の宮廷は、みな流行スタイルの源泉地だった。そして十九世紀が進行するにつれて、時の富豪階級が流行の源泉地の地位を占めることになるのである。いうまでもなく、王や王妃の好み、富豪の好みが、時の人たちの憧憬の的となって、模倣され、流行となったのだ。つまり流行は上級者から下層者へだったのだ。しかし西洋でも古代ギリシャまで溯《さかのぼ》ると、流行はその当時の紳士たちがレクリエーションのために入りびたったゲーシャからだという例もあるのであるが、そのことは、いっぱんには伏せられてしまっているから、専門家でなくてはわからない。どうして古代ギリシャではそうだったのかといえば、ギリシャの妻である婦人たちは、もっぱら家婦として修行させられた、いわゆる良妻賢母型だったので、紳士たちは一層教養を積んでいたゲーシャにあこがれたというのである。優れた古代ギリシャの女身像のモデルは、たいていそういうゲーシャがモデルになっていたのだとも記されている。良妻賢母といわれる婦人たちには、おしゃれのデザイナーとしての資格が欠けているということは東西に通ずる原則とみていいようだ。

余談だったが、江戸末期の歓楽の形式は、明治維新という政治的断層をのりこえて明治時代まで続いたのであったが、そのことの実証として私の経験を語るとこうだ。

明治末年のことだったが、私は当時の国立の美術学校に学んでいた。そのとき、先生が貼り出した実技の課題の一つに「芸者の着る衣裳の図案」というのがあったのだ。いま考えると、それこそワンダフルだというほかない。いまならばそれは「八頭身の装うワンピースのデザイン」とでもいう意味のものだったのだ。先生も平気でそういう題を出し、学生たちも素直にそれをうけとったという時代だったのだ。田舎から出てきた学生たちは、芸者というものは街でチラチラ接するだけで、かの女たちのきものはどうだなどのことは、まるっきりわからない。苦労したものだ。裾模様というものや、帯の柄などを見当つけるのは、無から有を生むような苦労だったのだ。その当時、机を並べていた一人が町田佳声だったが、町田は教室に三味線をかかえてくるような、その道にも通じていたのだから、そういう先輩の描くのを見様見真似で描いたものだった。はるかなる思い出である。

実際その当時は、ヒゲを生やしたえらい官員たちが、人力車に乗って、花柳界の芸者とたわむれるのに、堂々とのりつけるのが街で見られたのだった。

4　伝統という名でおどらされた明治時代

明治時代は大きく二つに分けられる。万事西洋の模倣こそと西洋讃美をした時期と、その反動とみられる国粋的なものこそと考えた時期とである。

江戸時代、特に江戸末期の、これでは困るという風習を、ばっさり切ってしまう機会が明治維新だったのだ。けれども地方から出て来た薩長の武士たちは、木曾義仲が京にはいってあばれまわったように、江戸の芸者の類いにひきつけられたのである。政治形態とか、経済の改革とかには着眼したが、宗教改革にも生活改革にも盲目だったのだ。そして歓楽の方式は江戸末期の風習のなかに突入することに求めたのだ。

風俗の面といえば、それには外面的なものと、内面的なものとがあるわけだが、その外面的なものについては、荒っぽく改正の手を下したのだった。まるで、江戸時代の唄い言葉である旧慣墨守に対して、西洋風墨守とでもいうように改正をうながしたのだった。

文明開化というPRで、男性たちはチョンマゲをワケジャンボ（散髪して分ける）に変え、ジャケツを着てズボンをはき、マントを装い、帽子をかむり、靴をはくことを無上のよろこびとした。女性たちも『女大学』を捨てて、開化式になり、着物に袴をつけ、上流の婦人たちともなれば、当時西洋（いわゆる世紀末）の流行洋装であった、胴を厳しくしめつけ、お尻に枕を入れてふくらました、長裾を地にひいたスタイルこそと求めたのである。マゲをやめて束髪にも飛びついた。そして男性と女性とが、手をつないでダンスをやり、キスをするという、西洋の十九世紀末の靡爛《びらん》した風俗を、東京において展開させたのだ。

国際的含みもあって文明開化時代を誘導したのだともいわれているが、明治二十年頃にそれを切りかえる時期がきた。フランスの世相史でいえば、ナポレオン一世が失脚してから約二十年後に、再びルイ宮廷の昔にあこがれる時代がめぐり来た、そのことに当たるのかも知れない。そして来たるべき時代の呼びかけは、国粋主義へというのだった。ところが風俗の国粋主義は、おじいさん、おばあさん時代のこと、つまり靡爛した江戸末期に還ることだったのだ。女学校を設立して、女子教育を興したが、そこで、捨てられてしまっていた『女大学』の主旨をとり入れ、また『小笠原流』を教えたのだ。江戸末期への逆もどりが国粋主義だったのだ。かすかな記憶にのこっている過去のことにあこがれた単純な郷愁的ロマンチズム、それを誇大して国粋と呼んだわけだった。

こうして女性たちを良妻賢母式に仕立てる教育をしながら、男性たちは、遊女や芸者たちの姿にひきつけられて、という国粋主義だったから、上流階級の夫人たちは、芸者スタイルにみるきものを競うて着出したという因果が示されたのだ。

こうした矛盾した風俗を流しておいて、国家主義の動きを固めていったといえる。日清、日露の戦争のときには、愛国婦人会のメンバーの婦人たちが、芸者まがいのきもので、戦地への、また戦地からの帝国軍人たちを日の丸の小旗を振って送迎したものだった。そういう場景は、少年時代の私の思い出のうちにある。

あらためて国粋主義という意味で、日本の過去時代の服装について回顧してみるならば、奈良時代あり、平安時代あり、鎌倉室町時代あり、桃山時代あり、そして江戸時代のそれぞれが浮かんでくるわけだが、最も手近な過去である江戸末期のそれを、国粋的な服装としてとり上げたことは、日本の生活史も服装史も、その当時には、まるで研究されていなかったし、また注意もされていなかったからだといってよかろう。

きものこそ、しかも、江戸末期のきものスタイルこそ、国粋的なもの、伝統的なものだと、今日のインテリ諸氏も肯定しているかのようだが、そのことについて分析すれば、いま話したようになるのである。くり返せば賤しい立場の人々だった芸者などによって、美しく育て上げられたスタイルだということになるのである。

5　現実の問題

美しいスタイルだといわれている、日本のきものについて、その生い立ちについて考えてみたのであるが、それを全面的に肯定しなければならないとなると、果たして、と頭をかしげたくなる。きもの姿を見れば、親たちの顔が思いに浮かんでくるし、祖父祖母の姿も思い出されるから、そのことを誇張していえば、きものこそ国粋的なものよ、といいたくなるのかも知れない。

また、外人の目には、フジヤマとゲーシャ・ガールこそ日本の象徴だとうけとられているが、そのゲーシャ・ガールの姿こそ、きものスタイルなのだから、そういう点から、きものそのものが日本を象徴するものだというロジックにもなる。

元来、国粋とか、伝統とかという言葉は、軽風俗の面では、とかく愛嬌を含む唄い言葉として使われている感があるから、それにこだわるのがおかしいのかも知れない。いうまでもなく、今日の私たちは、民主主義社会に住む自由人なのだ。そういう私たちにとって、直面している課題は、この社会の進歩発展の流れにのった、私たち自身の趣味の自由ということだろう。

ある人は、きものについて特に愛着をもっているという場合は、過去の人々によって定型づけられた経路にひそむ苦心への理解が、その人の心情の底にひそんでいる場合だといえよう。そういう人にとっては、きものをきちんと装うことによって、その人の精神が安定し、外回りの見掛けの社会的進展がどうあろうと、まどわされることなしに着ておれるだろう。きものの装いこそ、その人にとって絶対的な意味があるといえるし、そこにこそきものの伝統が生きているといえることになろう。女性の場合でも、男性の場合でも、そのような関係が読まれる場合には、しっくり板についた容姿がみせられる。つまり、根が生えていて生きている姿がみられる。

話がそれるが、民芸愛好家が、田舎の古くからの器物や衣類などに親しんでいる態度も、昔の職人の心をみつめて、その伝統のうちに生きがいをおぼえるという態度だといえそうだ。そのもの絶対で、それ以外を拒否する雰囲気に生きているといえる。

そういう態度でなくて、軽い気分転換を求めて、新鮮さを求め、変化のある感覚を追いたい欲求のまま、だいたいは洋服党なのだけれど、たまにはきものも着てみたいというような人々の姿は、たとえそれはしっくりしているような着方をしていたとしても、伝統を愛する人ではなくて、きものという媒材で変化をよろこんでいる人々だといえよう。そういうきものの愛好家は、現代の大衆いっぱんに現象しているともいえる。風の吹きまわしで、たまには古いものも着てみたいという人々である。

そういう風に、きものを着てみたいという人々も大勢おる。きもの用の生地の生産高や売り上げ高は、増えもしないが減りもしない、横ばいの状況ですよ、という報告もきける。お正月だからきもの姿でという若い女子たちにとっては、お正月という行事そのものに、伝統的に触れているのではなくて、軽いレクリエーションとか、軽いロマンチックの仕草をよろこんでいる人々だといえそうだ。

伝統とは、史論と美学とがからまる考究事だ。そのことの解説は容易なことではない。きもの伝統論の軽い一節に当たるかと思うものを、私なりにいってはみたが、忸怩《じくじ》たるものがある。

四、服装改良の歩み

1　改良とは

この頃はいろいろのことに改良うんぬんが叫ばれている。公害問題、上水下水の問題、河川の清浄化、非行青少年と家庭、流通機構、勤め人のラッシュ・アワー、議員選挙法、行政機構などと、数えあげるときりがない。

私は、生活改善という方向へ片足（両足とはいえないが）を入れているが、そうなったのは、学校の小使兼助手をつとめておった大正時代のはじめのことだった。

給料が安いせいもあったので、くたびれた学生服で、東京タワーの設計者である兄貴分の内藤多仲さんと（これも学生服のままだった）夜学の講義に出たりしていた時期だったが、そういう勤めの余暇に、同郷の大先輩である、新渡戸稲造先生の書斎の集まりに時折り出席したのがそもそものきっかけだったといえる。

その会合には、当時越後の校長先生だった、今日の創価学会の元祖の牧口常三郎さんも出られていたし、当時貴族院書記官長だった柳田国男先生と、また、当時農商務省の副業課長だった石黒忠篤さんも出ておられた。それがきっかけとなって、私は柳田国男先生のお伴で、農村の旅行をさせてもらったのである。いうまでもなく柳田先生はわが国の民俗学をつくり上げた先生だ。先生にお伴して歩いて、現地でいろいろ採集をする、その先生の巧妙な技術を、見様見真似で教わったのである。それがずっと、あまり横のことに振り向かないで、教わった道をまっすぐに歩いていたならば、鈍物な私は、民俗学の畑で、幕下十両ぐらいまでは出世できたのかも知れない。けれども中途で、先生から厳しい破門を食ってしまった。

どうして民俗学から破門されたのかを、この頃になって振りかえってみると、それは、先にも名を書いた石黒忠篤さんの勧誘で、農商務省での農民生活調査、つまり生活行政という方向へ行くことになったからか、と考えさせられている。「君、役所で旅費が出せるようにはからうから、農村をみて歩かんか。学校の春休み、夏休みに……」とさそわれたので、ついそのご好志にあまえたのである。「農政局では予算が出せないから、土地改良課に籍をおいて、旅費が出るようにしたから」とは、しばらく経ってからのことであった。

その当時築地の堀割りに面して農商務省の建物があった。ひまなときに、そこへ行くと、私の坐る緑色のラシャを張った机がおいてある。そこで土地改良課でやっておる開墾地に建てる住宅への助成の関係の書類などに目を通したりしたのであった。休暇の季節になるとこっちの天下だった。どこでも行ってみたいと思う所へ行けた。こうして、ここで四、五年お世話になったのである。「君のことだから、調査報告などはいらんぞ、今日の地主、自作農、小作農の各層の現実の生活をじっくりとみて歩いておけ、いまいま、どうという手が打てる筈のものでないが、君の胸に納めておいてもらうと、いつかは必ず国の役に立つときが来ると思うから」という、遠大な含みがあったようなのだ。

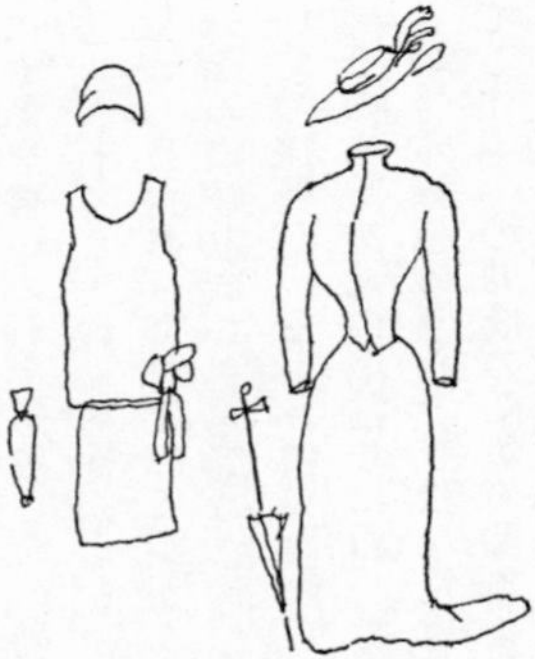

胴を骨入りのコーセットで細くしめつけて、足の運びをままならぬようにひき裾にして、というのが、植民地で太っていた時期のアチラのスタイルだった。

それを真似をしてヨチヨチしていたのが鹿鳴館時代だった。

第一次大戦後、非健康的、非行動的な服が捨てられて、ズンドー型の上体衣とショート・スカートに改革された服となる。用布が三分の一で済み、値が五分の一で済む民主主義時代のものとなったのだ。

柳田先生の後について行くべき筈なのが、ついそれて、生活行政という角度から農民の生活をみることになったのだ。生活行政といえば、いうまでもなく、生活改善とか生活改良とかがその眼目になる。

つい私的な事情を語ってしまったが、服装という課題で考えてみると、華やかな舞台でデザイナーが、流行の尖端をめざしてやっていることとはちがってくる。感覚の世界、個人の趣味や社会的ムードに呼びかけたり促したりすることとはちがう。そういう感覚とか感情とかへではなしに、理性と意志とかが内在していて、そういうことをどうにか変えるのでなければという着眼からの仕事になってくる。美の問題を後まわしにして、経済とか能率とか健康とかが先になる場合だといっていい。

先にいった歴史の例でいえば、十七世紀に贅沢を促すバロック・スタイルの服装をきらって、清教徒たちは金のかからない地味な服を愛用したとか、第一次大戦中に、婦人たちが、働くために、長い裾を切りとったとか、日本の例では、いわゆる殿上人たちが、神罰や仏罰を予想する心で悠長な服装をしていたのに対し、武家が政権をにぎってから、武士たちは、一層簡素な活動的なスタイルのものにしたことなどには、あきらかに知性と意志とがうかがえる改良ごとだといえるだろう。

なお、婦人靴のヒールの高さ、先の尖《とが》り、日本のきもの姿を造形するための広帯や長袖、また学生服の詰襟なども、なんとかならないものかと、野暮な連中から指摘されているのだが。

いろいろ考えておかなくてはならないことがあるが、ここでは、私が経験した範囲の服装改良といっていい事項について書いてみることにする。

2　文化生活とショート・スカート

大正七、八年の頃だった。

第一次大戦後の西洋の思想も、風俗もしきりにインテリのあいだで話題とされたものだが、思想としては、アメリカの大統領ウイルソンが先頭に立って叫んでいたデモクラシーということだった。そしてそのこととの関連で、在来の階層つまり、上流、中流、下層者の生活をできるかぎり均分化しようという風俗にかかわる思想から、現実の風俗に相当手が加えられて進行していることも注意をひいたのだ。

戦後の住宅難は今日の日本の専売ではなくて、欧米ではすでに、第一次大戦後に経験していたのだ。そして、戦後のアパート式の建て方は単純なものとされたので、その中で営む生活も、十九世紀末からのひきつづきのものではなくなった。できるだけ家事を能率的に経済的にというのがモットーとされた。

服装の改良は戦時中の動員以来すでに行なわれたのである。前にもいったようにアンドン式の単純すぎるぐらい単純な裁断で、胴のだぶつきはベルトでしめる方針にして、そしてスカートの長さは、活発に歩けるように短く切られた。十九世紀の普仏戦争でフランスが敗けた直後には、それまで、あのショーの舞台で見られるような風船式の大スカートだったのを、ふくらす仕掛けをぬきとって、だらりと垂れ下がったそのスカートを、じゃまにならないようにお尻の上にまとめ上げたものにした。それが日本に伝来して明治の鹿鳴館式の洋装となったのだが、二十世紀の第一次大戦後には、いまいったような、根本的に生地の経済化、仕立の労力の経済化、そして活動しやすいスタイル、つまりデモクラシーの原理にかなう姿とされたのだ。

第一次大戦の悲惨状況のなかから、いろいろな風俗面の変化というか改良というかの現われがあった。それらの通信で刺激をうけたのは、日本の有識階層者だった。日本でもどうにかしなければというので、半民半官のかたちの「生活改善同盟会」という団体ができた。その主旨は、日本の生活も、因習のままにしてはおけないというのだったが、結局は、欧米に湧き上がっている生活の諸面にみられる新しいムードに平行させてというのだった。

これについては、礼儀作法の解説で述べたとおりで、住宅、食事、衣服、社交などの簡素化運動とみられるものだった。しかし、第一次大戦では、わが国はむしろ経済的に有利な立場に立たされたので、景気のよい時代に生活改善でもあるまいというのがいっぱんの心であったので、折角の有識者たちの呼びかけも、たいした反響を示すことがなかったのだ。

しかし、チャンスが大正十二年の関東大震災だった。焼け出されの紳士家庭は、記憶にあった生活改善同盟会の主旨に共鳴して、郊外へその居住を移して、明快な光線と空気の中に、先に述べたような、こぢんまりした赤瓦の屋根で、芝生の庭のある家を建て出したのだ。

女性の服装は、洋装伝播の第一波は、明治の鹿鳴館時代だったが、その後国粋思想でそれがストップされていたのへ、戦後その第二波が注意にのぼったわけだ。今度のスタイルはデモクラシーの思想がその基盤となっているために、中流以下の人たちにも及ぶ可能性があったのだから、だれでも着目したわけだが、全く新規な洋装となると、早速には普及しなかった。

震災で焼けてしまって、きものがゼロにされてしまっても、なお伝統にすがりついているという状態だったのだ。

震災後二年経ってから、私たちが銀座の通行人風俗を調べたことがある。いわゆる「考現学」である。それによれば、通行人百人のうち洋装はたった一人だった。しかも、その百人に一人の洋装姿が、時のムードを呼んだせいか、手ぶらで印象されるところでは、もっと沢山に印象されたのである。「この集計はくるっているのではないか」と再三やってみたけれど、やはり百人に一人というのが現実なのだった。時の呼び名では、その一人の彼女たちこそ「モダンガール」だったのだ。新居格さんと顔を見合わせて笑い合ったものだが。

断髪にショート・スカートの姿の見かけの欠陥は、装うた姿のプロポーションは胴が長くて脚が短いから、見慣れた外国の流行雑誌のそれと比べると、何だか見劣りがする。脚そのものは、坐っていた生活だったからか、妙にまがっている。そして脚そのものは太い。どうもおかしいというので、当時の漫画の材料とされたものだ。「大根脚」がねらわれて。そういう情勢だったから、余程大胆な女性でないと、尖端を行くモダンガールの姿をして、という決断がつかなかったらしい。

幸いにも、一九二九年を峠として、スカートはいくらか長めになり、また胴も体型を示すようなシルエットに流行が変わったので、猫も杓子も洋装へということになって、一九三〇年代には、ついに銀座通りの散歩者を集計してみると、和服と洋装との比は半々、夏季などは洋装の方が優勢に出るようになった。その理由は、スタイルブック（今日の『装苑』をはじめとして）が盛んに出版されたし、また洋裁学校というものも大規模に経営されることになったからだが、それらの因果関係は、鶏と卵の関係だろうから、果たしてどっちが先なのかはわからないが。

とにかくそれは、女性たちにとっては、見事な服装改良への歩みだといわなければならない。

一九二〇年代のこと、まだショート・スカートのスタイルが定着するにいたらなかった時期に、現在のドレメ王国のクインである杉野芳子さんが、ニューヨークに洋裁を学んでおられたときのことを、ひそかにご当人からきかされたところによれば、「あの当時裁断法を教わりましたら、二週間で卒業ということだったのですよ」というのである。それだけ原始的な形態から、おいおいと今日の洋装が形成されることになったのかということを思うと、全く過去の因縁にとらわれない革命的な出発をしたのかと思わざるを得なくなる。

パパとかママとかいう呼称、コーヒー、紅茶を卓子で飲み合う、革命的な風習は、住宅のリビング・ルームの意識や、ショート・スカートの服などと相まって、第一次大戦後の十数年後に、日本にも定着する生活スタイルになったのだと、改めていいたくなる。

ここで、私個人の服装改良のこともいっておきたくなる。震災のときには、たれもかれもタンスを焼いてしまって、とっつき着る服はなかったので、みなが、ちぐはぐな粗服姿になってしまったのだが、街はというと、これまた殺風景なバラックの連なりであった。むろん私も、当時、菜ッ葉服と呼ばれた職工服をどっからか捜して着込み、引越荷の車をひいたりしたのだった。

焼野ケ原が話題の中心にされていた期間はもちろん、芸術とか美術とかにはたれも関心がなかったので、知り合いの美術家たちはレジャーそのものにおとされてしまって、退屈に打つ手もなかったのだ。「よかろう、みなでペンキ屋でもはじめようではないか」とは、反対なしに共鳴を得たのである。みながそのままの服装で、ペンキ屋さんぴたりだったのだ。バラック建ての商店にご用をききにまわって、相当の注文をとって、足場にのぼったりして働いたものだった。そのときの同人たちは、中川紀元、横山潤、吉田謙吉、新井泉、梨本正太郎、吉村二郎などだが、現在故人になられた人も多い。

そして、私じしんのジャンパー姿、職工服から生い立ったジャンパー姿は、そのときからつづいているのだ。

3　開襟シャツの提唱

女性たちの服は、ショート・スカートの装いで、断然時代が画されたのだけど、男性の服は、本場の欧米で変わらないから、ずるずるに、今日も一八七〇年に定型づけられた背広服なのだ。

だから日本の紳士も、といえば、いかにも単純なロジックだが、まるで有職故実《ゆうそくこじつ》を頂戴して来た昔の公家や武家たちそのままの服装意識だ。官員や会社員とその名が変わっただけだ。西洋の有職故実とでもいえる背広を着て、ネクタイで頸をしばってといえば、哲学がなさすぎる。そのためにどれだけ作業（事務的）能率が下がるか、健康がのびないか、などは考えてもみないらしい。つまり習慣に屈服してしまっているのだ。

私は教員を、それまでもやっていたからわかる。教室の黒板に、図や文句を書くときに腕を上げると、上衣の下端が吊り上がる。ポケットに何か入れていたりすると、それら合計の重さだけ、地球の引力にひかれることになるので、物理的原則のとおり、それだけエネルギーが無駄に損耗させられて疲れるのだ。頸のネクタイも、熱中して講義をしていると、からだから発散する熱が、そこでくいとめられて頸のまわりにたまるから、気分が明快にのびてこない。それだけ仕事に不忠実なことになる。よくもよくも、小学から大学までの教員諸氏は、そういう損耗について気にしなくておれるものだ、とさえ考えたりしたくなるのだ。校長ならば、外部との社交もあろう、また課長以上なら上役や、外客に接することもあろうから、能率本位の服では、といえるか知れないが、並みの教員諸君、平社員などとなれば、じぶんの姿を鏡でのぞいてみて、ということは要らないのではないかというのが、私の考えだ。

物事を改良するということは、習慣との戦いだと私は考えている。

そもそも背広服は今日まで歩いてきた経歴は、フランス革命時代に、狩猟に出掛ける紳士たちが、長コートの裾を切りおとしたのがそのはじまりだといわれているし、また、プラグマテズムの国であるアメリカ人たちが、コートの裾を切りとる方式にして一般化させたのが一八七〇年代のことだといわれている。それが、紳士服ともなれば古くからイギリスが本場とされていたので、イギリスにそれが渡って、ビクトリア女皇時代に、今日のような形式に仕上げられたとみらるべきものだ。いうならば、ビクトリア女皇のお好みのままに定型づけ

少くも、日本のような夏の気候には、ネクタイだけでも追放しなければ、というのでノータイ・シャツの裁ち方のコンテストをやったのが、昭和九年と十年だった。しかし仲々だった。かろうじて今日のポロシャツにそれが芽生えているといえるけれど、年功加俸の給与制度で、デスクで、無難第一主義でやっているのには、何も能率主義に取りかえることもないじゃないかというのがサラリーマンの心理だともうけとれる。

られたのだと忖度《そんたく》したくなる。一八七〇年代というと、ちょうど日本の明治維新のときだ。そのとき以来日本の紳士たちも背広服愛用者になったわけだが、それ以来細かい点の変化はあったけれど、肩にパッドを入れ、襟に芯切れを入れ、袖付けをきっちり裁ち、もっぱら手を余り動かさない行儀の人々にヒットするような要領でできている。もちろん、襟あきを小さくしたり、広くしたり、ボタンを二つに、三つに、四つに、また五つにとか、ダブルにするとかいう風に、極めて軽い流行を歩みながら今日に至っているのである。

それに対して、わが国の科学者、医学者が、厳しい抗議をしたのだ。被服衛生学の立場から、金沢医大の医学部長だった戸田さんが、詳しいデータを示して、ネクタイ廃止論を唱えたのだ。日本の夏の気候はヨーロッパやアメリカとはちがう。温度も高く湿度も高い。そういう気候の夏期に、ネクタイで頸をしめていたのでは、健康的でない。仕事の能率も下がる。

よろしくネクタイを廃止すべきだという改良論なのである。

当然なそのことに応えるために私たちは、昭和九年に、当時の庶民たちにうけていた報知新聞の企画部の共鳴を得て、百貨店の技術部を動員して、ノータイのシャツの裁断の実物によるコンクールをやったのだ。

理論を尊重してといえば体裁はいいが、無精者でそそっかしい、ジャンパーを常用している私は、その先棒をかついだわけだ。

その反響は、そそっかしい連中に及んだ。（失言かも知れないが。）けれども、役所や会社勤めのサラリーマンたちは、上役に呼び出されると、気のきく奥さんが用意のためにといって、胸のポケットに納めておいてくれているネクタイを、大急ぎで、ろうばいして装うて、「ご用は……」とやるのが、ややこしかったせいか、「開襟もいいけれど……」ということになって、徹底させるわけにはいかなかったのだ。

理論よりも慣習の壁が、改良という仕事には手厳しい。

上役が趣味とするところを、下僚は、絶対的に頂戴してというのは、それは先に述べたように、日本的伝統ではなくて、ヨーロッパの絶対王権の時代のそれなのだ。従ってその行為は礼ではなくてエチケット的内容のそれなのだ。つまり上役の趣味に迎合する心からのそれなのだ。「馬鹿なことをいうな、しょっちゅうこうして、ノシ紙で身を包んだような装いをしていないと、社交は自由にのびないよ」とはかれらの原理なのである。

東京オリンピックで、東京のそこここに豪奢な構えのホテルが建てられた。今ではそれらは客枯れの状況で、経営も楽ではなさそうだが、ネクタイなしの姿でそれらに出入りしようとすると「ネクタイをしていない方はご遠慮下さい」とくる。私もそれをやられた。だから、そういうホテルで催す会合には、私は一切出席しないことにきめている。くりかえしてここでいっておく。

エチケットとは、〝チケット〟即ち〝券〟ということから来ているといわれているのだから、服装そのものには、社交場へ出入りする入場券という意味もあるのか、と考えさせられる。

そういう関係で、ノータイの装いは、その後も細々と命脈を保ってはいた。ノータイ・シャツの審査には、当時、文化服装学院の遠藤政次郎さんも参加していたと記憶している。それで開襟シャツのその後は、スポーツ服と握手してポロシャツなどという名で元気に満ちた青年たちに愛用されたのであったが、次の第二次大戦の後には、どうやら生きかえるのか、というきざしもみえた。しかしもっと経済事情が繁栄に向かうと、またかげがうすくなるのかも知れないが。

4　第二次大戦前後

その当時のことは今では夢だ。悪い夢だった。戦争が進行するにつれて、衣料素材が欠乏してくる。合理化とか健康化とか能率化とかいう理屈をこえて、お互いが貧しい服の姿を許し合う時代となった。しかしまた妙な社会心理で、百貨店などでは、色調も柄割も派手なものほど売れていた。金箔や漆絵などで飾った絵羽織などだ。百鬼夜行といいたいような姿が、銀座通りに見られたのである。それらが軍当局の忌憚にふれて、金銀糸、漆絵などを、羽織や帯に飾ったものは、「奢侈取締令」というので禁止されたりした。金時計、金指輪、ダイヤモンドなどは強制供出と来た。

いよいよ戦局が押しつまってきて、国民総動員の体制となって、物も人も徴発された。そうして徴集した人たちに着せる服の心配をしなければならなくなって、国民のすべてに、そのままの姿で、いつでも軍務に就くことができるような、一定の服を、みなに着せようということを半強制的に布令した。もともとそれは満州で「協和服」と称して実施していたそれにならったのだった。それを「国民服」という呼びかけで、生地も型も指定したのである。今日の言葉でいえば、国民的ユニホームだ。（そのことを分析的にいえば、繊維生産会社にいつでも軍服に仕立て得るような生地のストックをさせておくためだったのだ。）

その当時、厚生省におられて、もっぱらそのことに力をかしたのは葛西嘉資さんであったし、陸軍被服廠で、もっぱら計画をすすめていたのは、三徳四水さん、小川安朗さんであった。

死ぬか生きるかという非常時局だったのだ。規定の国民服を着ていないと国賊かのようにみられた時代だったから、みながそれを着ないわけにいかなかったのだ。そのことは服装改良という意味のものではない。けれども、とにかく服装にかかわる歴史的事件だった。その当時は国民服さえ着ておれば、どんな席へでも出席できたので、いわゆる礼服を着なければという習慣からは一時的ではあったけれど、解放されたことだけは有難かった。

こういう戦局の進行中に私は、銀座の鐘紡の店で、番頭の真似をしていた当時のことも思い出である。いよいよ戦局が押しつまったので、流行商品が全面的にストップされて、番頭の用もなくなったので、おいとまにしたのだったが。(もちろん本職に関係のない、土曜日の午後だけの番頭だったが。)

なおその当時の衣料の欠乏で、みんな苦労した結果、古着交換会とか、更生服とか、また簡便和服裁断法とか、帯の工夫だとかのような、こまごました改良活動もみられたのだった。そういう現実的なことの指導に身を入れて活動したのは、私の親しくしている範囲では、大妻コタカさん、上田柳子さんであった。

女性たちの戦時的な装いのことも語らなければならないが、全部の女性は、モンペをはかされたのだ。その姿で、買いものの行列にも、防空演習にもというのだった。

こうして戦争は終ったのだ。ほとんど立ち能わざるまでに日本国民は、生活資材も、働くエネルギーも出し尽くしたのだ。

生きるためにいちばん必要な食料も足りない日々だった。それで、食料の生産者である農民に個人的に懇願して、リュックサック姿の婦人たちは、不便な交通機関で、なにがしかの食料をもらっていたのもかなしい思い出だった。しかも、そのとき婦人たちは、食料をもらう代償として、嫁入りのときなどの衣類を持ち出して農家に納めたのだった。このことは

「竹の子生活」といわれていたが、一枚ずつ、じぶんたちの着物をぬいで食料と交換したことをユニイクにいった言葉である。そして、そういう竹の子生活こそ、戦後の服装は洋服式にということを促したともみられるのだ。

なお、戦後のことになるが、アメリカの占領時代にその指令で、農村生活の封建性打破という着眼で、農林省に生活改善課をもうけて、全く新規な方針に農村全般のあり方を変えるようにさせられたのだ。生活全般の改善が目当てなのだが、農民の作業着を重点に改良指導をしたのは山本松代さんだった。

服装は服装だけのものではなくて、生きるものの原理を現象する風俗上の一事項だ。いつも風俗の動きに左右されている。そして、風俗が動くその根には、政治も経済もその他もとなっているのだから、服装改良ということは、それ自体直線的に歩けるものではない。そういう考えのもとに服装改良の歴史をみなければならないし、また、服装改良への提案なり主張なりがなされるのでなければならない。そのことは、生活改善の指導者が経験する悩みであり、おもしろさでもある。

五、ユニホームとは

1　服装は魔物だ

ＴＢＳ（東京放送）のＩプロデューサーが訪ねてきた。

わが家の仕事場であるリビング・ベランダーで、卓子をはさんでＩさんと対談する。「実は……」と切り出したのである。

「実は、『ユニホーム考現学』という題名で、ブラウン管にお顔を出して頂く件をご承諾願いたいのです。是非どうか。それで、シナリオの構成について教えて頂けたらと思いまして」

というのだった。

「まず、考現学というものについて、黒板の前で一席講義をしているところをお願いできたらばと思うのですが……」

「よかろう。それにつづいて、服装というもののいっぱん的な解説をやって、ユニホームといわれている服の性格をはっきり認識してもらうことからはじめることにしよう。そのために、とり上げたいテーマを『服装は魔物です』とやってみよう」

「そのための道具立ては、考現学の先生の立っている教壇のテーブルの上に、八百屋から買ってきたサツマイモを二つ、その一つを新聞紙包みにし、もう一つを、この節のデパートのきれいな包み紙で、きちんと包んだのをならべて載せる。一応考現学の講釈をすましたところで、卓上の二つの包みに話題を移していく」

——ここに二つの紙に包んだものが載っていますが、みなさんにあげるといったらば、どっちをお選びになりますか。

と呼びかける。

——だれでも、恐らく、きれいな包みの方をお選びになることでしょう。

と念を押してから、

——では開いてみましょう。

といって開いてみると、両方とも、おいもである。

——ごらんの通り、両方とも中身は甲乙のないおいもです。

と笑わせる。

——このように、中身は同じなのですが包み紙によって、好ましいものになったり、そうではなかったりします。わたくしたちも裸に

ながい年、こういう姿で教員をやってきた。冬はこの上にセーターである。ネクタイをしめてやっていたのでは疲れが早い。給料をもらっているだけ勤めなければすまないし、またもらった給料はできるだけ有意義に使わなければという良心からだ。

テレビのときもこの姿だった。

同じモデルさんに、早変わりでやってもらった。
どうか、シナリオの筋でごらん願いたい……。

なると、だいたい同じ格好なのですが、包み紙である服装いかんによって、愛されたり、捨てられたりする。服装というものはそういう魔力をもっているのです。

と考えさせる。

「どうです、こんな出だしにしては……。まあ一服といきましょうか」

と息をぬいて空想を遊ばせる。

2　田舎娘・銀座令嬢・婦人警官

「スマートなモデルさんを一人用意してもらえますか。そして、モデルさんに着せる、田舎娘の野良着と、銀座を散歩する令嬢の服装と、女子警官の服装とを、衣裳部屋で用意して頂きましょう」

「けっこうです」という返答だった。

「では、シナリオにこう書きますか」

――では、いよいよ人間の場合で実験してみることにしましょう。おいもの代わりに人間を使ってです。あ、出て来ました。この姿はたれが見ても、田舎の娘さんでしょう。久留米がすりの筒っぽの上衣とモンペで、髪の毛ももじゃもじゃです。顔も、しぜんのままですが、どっか汚れた感じです。表情、腰の落とし方、脚のくばりなど、どうみても田園で働いている農家の娘さんでしょう。

同じモデルさんに、衣裳室で、都会の令嬢風のスタイルを装うてもらう。舞台にゴムの植木鉢でも添えて。

――さっきの娘さんが、あこがれの東京に出てきて、二、三ヶ月経ってからの姿です。ごらん下さい。見ちがえるように美しくなりました。銀座を歩かれる令嬢ですねえ。ハイファッションのドレス、ハイヒール、パーマ、ネックレス、イヤリング、それに流行型のハンドバッグを軽く抱えて、胸をはったポーズで……。昔から馬子にも衣裳という言葉がありますが、全く見ちがえるでしょう。先の娘さんが、東京で二、三ヶ月修行したばかりですのに。

と、タメイキをうながすような含みで解説を流していく。

モデルがひっこんで、また早変わりで出てくる。

――ああ、また出てきました。ごらん下さい。まちがいなく婦人警官ですねえ。さっきの娘さんが、発心しまして、レジャーのなかで、ぶらぶらしていても気がとがめる。それに、令嬢スタイルで散歩していると、不良にもおびやかされる。それで決心したらしいのです。婦人警官を志願して、街にうようよしている不良たちをとりしまる側にまわったらばというので、試験をうけてパスしたというのです。どうです。ぴたりでしょう。ぴったり身についたユニホーム姿でしょう。馬子にも衣裳でなくて、令嬢にもユニホームの感です。モデルは街を巡回しているかのように、ゆるやかに舞台を去る。

——これで、一人の若い女性が、三段に衣裳を変えて、衣裳によって、どういう境遇におかれている女性かがはっきりと印象されたことでしょう。士農工商の昔はもちろんのことでしたが、近代社会においても、服装は、それを装う人の立場を表明してくれているのです。自然を相手に働いてくらしている田舎の娘さん、レジャーにまかせて、沢山の人目のなかでくらしている都会の令嬢、そして、一定の職務についている女性、つまり、民芸的な服装姿と、流行のなかの服装姿と、そして規律のなかの職務服であるユニホームとの差別と必然ということが、キャッチして頂けたでしょう。いろいろと問題があるわけですが、これから、二、三の場面を見て頂いて、服装というものの魔力、ユニホームというものの意味を認識して頂くことにしましょう。

「どうですか、こういう筋では。服装は魔物であるという印象を与えておいて、それをうけて、それぞれの職場に必然するユニホームというものを、ぼんやりとでも考えてもらうように仕向けるのは……」

プロデューサー氏は頭をぴょこんと下げて、

「けっこうです。けっこうです」
と納得してくれた。

3　ユニホームのいろいろ

「これからは、第二段にはいって、ルポの腕に期待することにしましょう。できるだけ各場面の実景を、面白く変化あるように配合して……。まず、無難なところで、東京駅のラッシュ時のサラリーマンの群ですなあ。かれらのネクタイを吊った背広姿も、ある意味でユニホームですからねえ。ちょっと漠然としていますが、サラリーマンという今日の社会におけるる身分表明でしょうが、そのよって来るところは、上役への作法と、当人たちの奥さんの認識などの関係で、そうなっているのでしょうが、網にかかった魚たちかのように、駅のあの段々で、のぼりおりしている、あのものすごい場面のルポを見せながら、解説することにしましょう」

「それから、何でもよろしい。工員、店員、坊さん、神主、学生、車掌、スポーツ選手、それから場面のとり合わせを面白くする関係から、官能享楽をうけもっているゲーシャ、キャバレーのホステス、なども、それぞれ職業表示の意味で装うていると思うのですから、とり上げてもいいでしょう」

プロデューサー氏は、あれこれと、現場のことを見当つけるかのように、考えを走らせている表情だった。

「赤坂の一流芸者ですがねえ、いつもきちんとしたきものの着付けをしてお座敷に出るのですが、料亭の式台の所で、伝統的な、仁義を切るようなゼスチュアをやるのを知っていますが、あれ一つ是非カメラに納めましょう……」

などと、すでに計画が動いたらしい。

ドテラ姿のおまわりさんを銀座の交番に立たせてもらえますかどうですか。……やれますよ、とプロデューサー氏がひきうけた。隠しカメラでとったのが見事にブラウン管にうつし出された。

4　警官と駅員で実験

「それで、つなぎの意味の第二段から、次の第三段にはいりたいのですが、いうならば実験的考現学です。ここで期待したいのは、職場にふさわしくない服装をさせて、職場に立たせてみたらばどういう反響があるか。そういう実験がもしできたらば傑作だと思うのですけれど。できますかな。たとえばドテラを着たおまわりさんを交番に立たせてみると、どんな反響を呼ぶか。その反響を隠しカメラで見るとか、また、駅

郊外電車の駅で、グレン隊風の検札係を、と重ねて注文した。実験的考現学という手だ。
こういう職務につく人は、やはり戸籍の明確なユニホームでなければということのPRのための材料が得られたのだ。

の切符切りに、グレン隊まがいの服装をさせて、改札口に立たせてみる。それで、どういう波紋が起きるか、というような場面など、やれますかねえ」

プロデューサー氏は、にっこりとうれしそうな顔をした。「それは面白い。是非努力してみましょう。やりますよ」といった。いったからには成算があるらしい。プロデューサー氏となれば心臓者だ。

それでかれは帰ったのである。

それから一週間ばかり経ってから、「現場撮影ができましたよ。スタジオまでおいで願えませんか」という電話だったのである。

よくも撮れたものだ。きわどい場面まで撮れている。

そのルポに解説を流すことにした。

――もしも、今日の社会に、ユニホームというものがなかったとしたら、収拾のつかない場面や職場ができるでしょう。それを実験した場面を、とっくりと見て下さい。

――これはおまわりさんの場合です。ご覧のとおり、和服の着流しに兵古帯姿で、それに警棒とピストルを下げていますが、場所は、まちがいのない銀座の交番です。通行人は、何事かと驚いたり、立ちどまってとっくりと見て、おかしくてたまらないというような、笑いをがまんしている表情をしているのはご覧のとおりです。

――やはりおまわりさんは、いっぱんの人と、はっきり区別のつくような、一見しておまわりさんだとわかるような服装、つまりユニホームでなければ、その役目が果たせないといえることがおわかりでしょう。

――あ、次が出ました。これは郊外電車のある駅の切符切りです。しかもグレン隊よろしくの風体で、色メガネ、ジャンパー、妙な色のジーパン、それにつっかけです。このカッコで、乗客の切符に鋏《はさみ》を入れようというのですが、さあ、どういうことになりますか。あ、お客さんが来ました。不思議な表情をして、ぐっとにらむようにして大急ぎで切符を切ってもらい、しばらく行ってから、ふりかえって、また見かえしましたね。次の客も、また、同じようなゼスチュアをしました。

――もちろん、カメラは隠しカメラです。渋い表情をして、おっかなびっくりで、急ぎ足で、そしてしばらく行って、安全地帯に逃れたという所で、ふりかえって見る行動は共通なのです。

――駅員はやはり駅員だという印象を、はっきり与えるような服装でないと、社会秩序がしっくりといかない。ということがおわかりになったでしょう。

もちろん、これを本番ぶっつけでやったのである。

しかし、最後に、プロデューサー氏からの提案を、こっちが呑まなければならない羽目になった。おしまいのしまりをつけたいから、是非というのである。それは、このフィルムの解説者である私が、仕事を終えて、家に帰って、ユニホームらしい服をぬぎ捨てて、くつろぎの服である浴衣でも着て、

——では、みなさんお休みなさい。

と、あいさつする場景のお芝居である。そのとき、うっかり手元にあった妻のアッパッパ式の寝巻を、まちがえて着かけるところを、是非欲しいという提案だったのです。大変なお芝居を押しつけられたのでしたが、さんざん苦労をかけた手前、そのいうとおりを呑むことにしたのでした。

そして、放送を終えて、わが家に帰ったらば、「あのテレビ大変面白かった」と妻が笑いながらいってくれたので、こっちもほっとしたのです。

5　有職故実の世界

気楽なテレビのシナリオで、ユニホームというものの認識をキャッチしてもらえたと思うが、もともと日本の服装は、法的な制肘をうけて育ってきた関係か、見方によっては、ユニホームの歴史だったといっていいようだ。

ヨーロッパの服装史はデザイン的に多彩で面白い。特に、中世、近世は変化に富んでいて面白い。それなのに、日本の服装史は、宮廷とか、幕府とかで規定した範囲を出ていないせ

いか面白味がない。江戸の庶民階層者たちが、変わったデザインを提出してくれているけれど、通観したところ、至って平板だ。

謀反気たっぷりで考えると、もしも秀吉のような天下様が、近世を通じて政権についておったらば、外国からの刺激も自由にはいって来たろうし、新規なデザインも興っていたろうに、と思えるのだが残念だ。

それで、右へならえ式のユニホーム的な状況が終始したのが、日本の服装だったといいたくなるのである。

有職《ゆうそく》といえば公家時代のこと、故実《こじつ》といえば武家時代のことだそうだが、それらで、決定された型が、いつまでもお手本として守りつづけられる仕組だったのである。今日の和服の裁ち方にしても、細かいテクニックのことは別として、ほとんど固定した形式のものになっている。そういう性格はユニホームに通ずるものがあるのである。

日本に中国の文化がはいり、古代中国の官制がとり入れられ、衣冠の制も採用された。そのことは、臣すなわち官吏たちの身分を表明するユニホームの設定とみられるものだ。しかも、最初に採用された、衣冠の、青、赤、黄、白、黒の五色のいろわけに段階の序列をきめたなどは、官吏諸君のユニホームを、位階関係に組織づけて、各自の身分そのものをユニホームによって封じ込んだとみられるのである。

その制度は、奈良、平安時代に、しばしば細部の変更があったけれど、きまりの大筋は動かすべからざる伝統として固定化されてしまったのだ。そして、時代によって、細々とした部分の変更を学ぶことが、服装研究家の仕事となっているのだから、元気な青年たちにとっては、「そんなことどうでもいいや」と投げたくなるのも無理がない。

つまり身分を示すユニホームだったのだ。前節のおいもの包み紙の原理でいえば、服装を媒体として、身分の高下を決めるという魔法なのだ。

そういうマジックのものだったが、素人でも興味をひく例がある。たとえば、藤原氏の勢力もやや斜陽になってからのことだが、公家たちの着た装束の下襲《したがさね》のひき裾の長さを、大臣は一丈、大納言は九尺、中納言は八尺、参議は七尺、四位以下は二尺というきまりにしたという。つまりひき裾の長さによって、位階がわかるようにしたなどである。装束そのもののみでなくて、冠の飾り、帯などのアクセサリーにも、身分に応じた規定があったのだ。

こういう関係は、武家時代になってからも見られた。江戸幕府が故実を尊ぶ精神から、身分に応じたユニホーム的な装いを要請したからである。

6　儀礼的束縛で

しかし、服装そのものを位階や身分に応じて規定したということは、公の儀礼の場をひき立たせるためだともいえるようだ。特に平安時代の公家たちは、住まいの快適を犠牲にして、家屋の主要部分を、儀礼のために提供していたのだから、同じ筆法で、服装とは儀礼のため

まるで昆虫採集図だ。蝶々や甲虫やカマキリや蟻などが、それぞれ、公、士、農、工、商の姿にうかがえる。江戸幕府は衣服行政で、身分の枠の中にそれぞれをきびしくピン留めしたからである。ほほえましいユニホームだとみられよう。

のものだと考えても無理がないと思えるのである。儀礼といえばいろいろだ。神仏を祀《まつ》ることの儀礼、たとえば、屋敷の中に祠堂をもうけて安置してある、神像または仏像を、邸宅である寝殿造りの構えの、最上の位置に座をもうけてお迎えして、一門の人々を集めて、祈願などのためにお祭りをすること、年中行事の儀を厳かに催すこと、その他、位高き客を招いて、歓楽を尽くして宴を張ること、などに邸宅の主要な部分を提供したのだった。そういう儀礼を行なう構えが要るし、またそういう場合の服装が要るのであった。そして服装そのものは、集まったみんなに整然とした印象を与えるためにきまった型、ユニホーム的な型が要請されたとみるべきである。

このことを、私がしみじみ感じたのは、日向の国の深い渓谷の村、椎葉に、平家の落武者が逃げこもって隠れぐらししたと伝えられている鶴富屋敷という家を見たときである。そこへ見学に行ったとき、平家全盛のとき、つまり藤原末期の風習をまざまざと存している話をきいたのである。家の最上の部屋には、普段は家のものたちは足を踏み入れない。何故なれば、そこは年一回神祭りをするさい、神を迎える所だからだという。そして部落のはずれの祠堂から神像をお迎えするときの服装は、昔ながらの細長《ほそなが》の装いである、というのであった。

儀礼のためとなれば、一定の型すなわち、儀礼用のユニホームをつけなければというのが、平安時代からの伝統と読めるのである。今日でも、お祝いの席で着る服、お葬儀のときの服などと用意している人々は多いようだが、そういう儀礼の席では、みなが揃った装いをしなければという観念からだとみていいようだ。すなわち、そういう場におけるユニホーム（揃いの服の意）の伝統が今日も生きているのである。

7　士農工商の身分制から

桃山時代までの庶民の服装は、見逃されたままのようだった。庶民はみな貧しかったから、放っておいても贅沢なきものを着ることがないという考えかららしい。

ところが、江戸の太平で、庶民安堵で年代は経過したときに、農民はとにかく、町人たちには富裕な人たちが増えてきた。そこで、江戸のはじめに、士農工商と身分の序列を法的に世襲的にきめつけたのであったが、それに加えて、身分による服制とでもいえるものをきめることにしたのである。身分段階の低い町人はいくら富裕であっても、武士などよりは一段も二段も粗末なものを着ていなければならないような制度を作ったのだ。百姓は麻か木綿、その他もだいたいそれにならってというきまりである。ただ職業によって、それぞれの服の形態がちがうことはゆるされたのだったが。

こうして、武士の装いのきまりもおのずから定まってきたといえるし、農民、職人、商人などの、それぞれの職業を示す職業服、つまりユニホーム的形態が示されるに至ったとみられるのである。半纏腹当ての職人のユニホーム、火消しのユニホーム、前掛けをかけた町人のユニホームとみられるものなどが指摘できる。

こうして、江戸時代の社会秩序が、風俗というマジックで保たれたともいえるのである。つまり江戸時代における庶民たちへの服装政策で、江戸時代統治が固められたといえるのだ。しかし、上手の手から水がもれるたぐいで、そのように職別ユニホームとでもいえる手段で、世の中をがっちり固めはしたが、庶民の最下級、つまり賤民とみなされた人たち、歓楽のサービスに勤めた人たちだけは、魅惑的な自由なデザインの衣裳をつけて、ユニホーム党の人たちの心をも財力をもゆさぶったのだった。

8　明治以来の官員・軍人の礼服と制服

明治維新になって、職業が自由になり、服装の束縛から解放された。しかも西洋の服装をとり入れてという時代となった。そこでユニホームとみられる服の今日までの経路は果たしてどうであったか。

ユニホームといえば「揃いの服」という意味の言葉だ。江戸時代にもそういう意味の服はないことはなかった。火事場で働いた火消し人たちが、組々の対抗意識で、背中に組の印を大きく染め出した揃いの半纏を着たなどは、正にユニホームだといえる。また職人の印半纏といわれるものもそれだとうけとれる。そしてそれらは、仲間意識を高揚させる媒材でもあったのだ。

なお溯《さかのぼ》って探ってみると、家柄をほこりとした平安時代の貴族たちは、装束の生地に織文を巧《たく》んで、それで家柄を示していたり、また武家時代に、あらたまった座につくときに着た大紋という服には、背にも袖にも、大型の家紋をつけたなどは、一家一門を誇りとした時代のユニホームとみられないことはないようだ。そういう家紋を服につける習慣は、江戸時代から今日まで、つづいているとみてもいいようだ。

しかし、昔の戦いの性質上、武士たちが戦陣にのぞむときの鎧兜《よろいかぶと》の装いで見る、個々人が、めいめい得意な旗、指物《さしもの》のアクセサリーを背中につけて「われこそは……」などと、大音声をあげた姿などは、アンチ・ユニホームといわざるを得ない。今日の派手な夜会に、独特なスタイルの衣裳をつけ、帽子から靴まで吟味した姿で「私こそは……」という心境で胸を張っている、選ばれたるレデーと全く同格とみるべきものだったろうからである。

しかし、槍や刀に代わって銃砲が武器とされてからは、戦法も変わって来て、兵士たちの装いは、おのずから、規律あるユニホームをという慣わしになったとみていい。ヨーロッパで、軍隊のユニホームが著しく目につくようになったのは、荒っぽいいい方になるが、ナポレオンが動かしたあの大軍隊以来のようだ。そして、それから系統をひいている軍隊のユニホームは、維新前後から、日本にも採用されるようになり、鎧兜の装いが、筒っぽの上衣に、ダンブクロの下衣という姿のユニホームに変わってしまったのだ。

そして、軍隊はまた、平常時には国としての威容を示す役目を担わされるので、見た目にも美しいとうけとれるような儀礼服が、それぞれの段階に応じて定められたのだ。

特に、日本の国威発揚時代とみられる、日清、日露の戦争前後の時期には、そういう軍隊的ショーとみられるものが、ひんぱんに行なわれたのだった。当時の少年たちの心がそれにとらわれて、「大人になったら大将になるんだ……」というあこがれの心を湧かしたものだった。

その当時、軍隊のユニホームのスタイルは、ヨーロッパの最大勢力だと思われていたフランスのそれだったのだが、一八七〇年の普仏戦争で、フランスが完敗した後には、勝った国のドイツの方式を採用したのだった。

正に和魂漢才とか、和魂洋才とかいわれることが、日本で外国のものをうけ入れる態度だったと、思わせるものがある。

そもそも、「制服」という言葉が史上にみえるのは、遠い奈良時代のことだった。中国の唐の制度をとり入れて、宮廷の服制を定めたとみられるのだが、そのとき、宮廷の下級の役人たちは制服を着ることに定ったという。上級の官員たちは、別に礼服も、きまりの衣冠も定められたのだったが、下級の人たちの服を特に制服といったのは、どういうわけかということを忖度してみると、下級の者だからといって、てんでんばらばらの服で、宮中に出入りしたのでは、宮中の気分が統一づけられない。だから、それらには一定の服型を指定して、となったのだろうと推測されるのだ。

武官の制服や礼服のことは前に述べた通りだったが、維新後の文官の礼服も、文武と並んで整備しなければというので、それが制定されたのだった。ものものしい金モールの唐草飾りのついたものだったが、それらは、身分段階を表わす官僚的なユニホームとみていいものだ。

しかし、それらは今日のものではなくて、封建時代から、今日に至る過渡期のユニホームだったのだ。

さいきんは、産業開発のラッパと共に、企業体に適応するそれぞれのユニホームが着目されて実施されるようになった。能率や効果についてのデザインの研究も進み、季節毎に何万着とかいう注文も出て、わが国の縫製工業界も張り切っている。

9　背広服と学生の制服

しかし今日でも、官庁や大会社となれば、職員たちは勝手気儘《きまま》な格好の服を着て、というわけにいかなくなっている。東京駅や、有楽町などでラッシュの電車から降りてくるあのサラリーマン大軍の姿は、いわゆるホワイト・カラー族といわれているように、白シャツにネクタイをしめた背広の姿である。文字どおりの商品としての紳士諸君の姿なのだ。経営管理者からいえば、妙なカッコをして出入りされたのでは面子《めんつ》にかかわるから、というのだろうが、背広服そのものの因縁については前に触れたと思うが、一八七〇年代に、アメリカで一般化して、それがいわゆる紳士、及び紳士服の本場であるイギリスに渡って、仕上げられたスタイルなのだ。つまり、イギリスのビクトリア女皇の眼鏡による、最低度のものとしてゆるされているという意味が読みとれる服なのだ。しかも愛嬌なのは、あのネクタイ一本の色や柄で、着る人の趣味的満足も充たされるというカラクリもある。

現代における服装問題としてみると、この背広服にかかわる解釈こそ、最大の難問だ。それがあるために、大きな金が動いているし、着ている紳士たちの身心とものエネルギーが支配されているし、それが慣習づけられているために、今日の家政学も釘づけにされているし、しばしばいわれている生活水準をきめる場合の一つの柱ともなるので、水準そのものが徹底を欠くうらみがあるし、などなどと、並々ならぬ研究課題がからまっているが、恐らく、それは最後まで残る宿題だろう。縦横十文字に社会科学的考究を積み上げてみないと解釈できない難題なのだ。ちょこっとした感想文で片付け得られる問題ではない。

「だって君は、ジャンパー党だから、背広服をけなすのは当然だろう」と、しばしばいわれるが、じぶんとしての行為、服装行為ならば、じぶんだけできめ得るけれど、人々の服装行為に対しては、その人の心理を尊重して、いちがいにダメだよとはいえる筋合いのものではないと、私は考えている。

学生の制服というものはどうであろう。明治時代からの惰性で、今でも学生というものは、学究の徒であるから、いっぱん社会の人々とははっきり見分けられるようにした方がいいという思想からのものだといえよう。しかし、上級の学校になるにつれて、学生たちが制服というものをきらう傾向が濃厚になってきている。そのことは、学生たちの心に、いっぱんの社会人として扱ってもらいたいという要求が強くなってきたからだろう。

社会的にみて、学校の規則書に刷りこんであるようなスタイルの服を、何年も何十年も守るということは、理に合わないことがわかる。神主や坊さんのような、文化財的な魔力を含んでいるような服装で、信仰についての執務をする立場と、学生のそれとはちがう。たとえば、ある派のカトリックでは、尼さんのきまりの服が、余りに中世期からの型を固守しているので、今日の時代のものとしてふさわしくないというので、スカートを短く切って近代的な感触のものにしたというのも最近の通信にあった。また、本願寺の幹部の坊さんたちのあいだでは、昔ながらの法服に代わるべき服にしようかとの議が湧いているともきくのである。

伝統を固守することが宗教の世界のことである感があるのに、学生服が、数十年ものあいだ固定したスタイルでなければということはない筈だといってよかろう。

下級の学校の制服こそ問題だといえるのだが、最近のそれは、いろいろな条件のからまりで、公立の学校は制服をやめ、私立の学校が制服を固持している傾向だというのである。もしも、小学や中学の国民教育の課程の学校で、ユニホームをきめようとすると、きめるに当たっての主体性が、子供じしんの心、親の考え、学校の考え、一般社会の考え、文部省の考え、などのそれぞれにわたるので、結論を得るのに困難だという。しかも公立の学校の場合は、保護家庭の子女も混っているので、ユニホームのために、特に費用を支出させることもできかねるという事情もあるからだという。私立の場合には、学校の方針を主軸としてユニホーム式にきめている場合が多いのだそうだ。

さて、ユニホームとしないで、希望によって、通学服をめいめいの好みで着て、というのが安全の道だろうと思うのだが、その場合は、いわゆる明治の軍服になぞらえたような詰襟などは当然廃止しなければならないことだと指摘したくなる。

10　今日の企業経営学とユニホーム

子供服は、大人の服と構成がちがわなければ、子供のものとしてふさわしくない。子供の成長力や行動力に合わせて、子供服独特の道を歩かしむべきだという主張は、ジャン・ジャック・ルソーがその教育論で叫んでいるのだ。それ以来、子供服の構成は、大人の服とは全く別にデザインされ、縫製されているのである。そして今日の百貨店の売り場で子供服が賑々しく栄えている。ここで一つ、野心ある百貨店なら、子供服の創始者ルソー誕生二百何十年祭とでもうたって、子供服売り場を、奥行きの深い飾りつけを試みてみたらば、きっと……、という空想も湧いてくるのだが。

今日のユニホームかともみられるサラリーマンの背広、また、学生の制服といわれている服は、上のように、割り切って考えるのはなかなかむずかしい。

けれども、今日のいろいろな職場で働く人々の場合については、極めて明確にいえるのである。企業経営学で説く、今日の働く人たちの倫理は、その人の能力を十分発揮して忠実に働くこと、そして、そうあるためには、規定の仕事を離れたときには、仕事によって疲労した身心を癒《いや》し、次の日の仕事に、また十分なエネルギーをそそげる体制とすることに忠実であること、と述べられている。つまり、職場を離れた生活まで指示の手をのばしているのである。労務管理という名目の下に。

こう説いているのが、企業経営学であるが、しかし、そうあることは、うっかりしがちであるけれど、近代生活というものののいっぱん的な性格を示しているともいえそうだ。

それはとにかく、働く現場限りのことを注意してみると、工場や、事務所や、またはサービスの場そのものが、働く人たちが、それぞれ各自の能力を発揮して能率をあげ得るように、環境そのものの整備が要請されてくるし、また、最も身近な環境だといえる作業服、事務服、サービス服の新しい整備も問題になってくる。そしてそれらの整備についての責任は、管理側にあるともいえるのである。

理論だけにとどまらないで、現に、工場建築、事務所建築、いろいろなサービスにつとめる場としての建築物には、機能の点において、感覚の点において、相当な資本が投下されて、近代化されているのは随所でみられるとおりである。しかし、うっかりしたまま、とりのこされているのが、働く人たちの服装だと指摘したくなるのがしばしばなのである。当然なことながら、服装も、愉快な気分で働けるようなものでなかったらといいたくなる。

明治この方、工場建築といえば安もののバラックで、工員の服といえばナッパ服、農民の場合は野良着、事務員はうわっぱりと呼ばれた、ぞんざい至極なものときまっていた。汚れてもおしくない、ぞんざいな安価な服ときまっていた。支給される場合も、自前の場合もあったが、自前の場合には、色も形もばらばらだったのだ。そういう風に建物や服などを消極的なものとしておいて、生産物のコストをというのが古い型の経営学だったのだ。

それをひっくり返さなければ、そして計数的にみてもその方が、というのが今日の企業経営学で、また今日の生活倫理でもあると考えられてきたのだ。

ここで、先の、ジャン・ジャック・ルソーの教育学から、子供服意識の誕生があったこととならべて、企業経営学から、職場で働く人たちの作業服の意識が誕生する気運が湧いてきたといえるのだ。

11　インダストリアル・コマーシャル・シンボリカル

いうまでもなく働く人たちの現場の性格はいろいろだ。大分けにすると、工場と、事務所と、サービス業の現場とであるが、工場といっても種類が多い。金属工場、化学工場、食品工場、木工場、建設工事場、その他多彩だ。そして、それぞれの性格に応じた、素材、裁断、色調もフィットしたものでなければモダンでない。モダンというからには、車とエンジンとボデーをただ組み立てると自動車ができるというわけのものではなくて、それらを組み立ててできあがった形が、いわゆるインダストリアル・アートとして、需要者に魅惑を与えるものでなくてはならない。と同じ理屈で、ユニホームの形態、色彩、着心地が整備されなければならないのである。そういうユニホームを着てなら働きたくなる、というものでなくてはならないのである。

事務服も、それと全く同じ原理で、官庁、会社のデスクで、愉快に、疲労少なく働けるようなものでなくてはならない。

次に、銀行、ホテル、レストラン、劇場、喫茶店、バー、商店、バス、電車、などのサービス業とみられる現場に立つ人々の場合には、工場などに働く人々とはちがって、コマーシャル・アートという概念を生かさなくてはならない。折衝する人々に快感を与え、チャームするようなユニホームでなければならない。

しかし、ややこしい認識の問題もかかわってくる。考現学的に現場現場で当たってみると、たとえば、百貨店には、いろんな部署があるが、特別な部署につく女店員であるエスカレーター・ガールに、夜会服のような華やかな派手なユニホームを着せて立たせてみると、エスカレーターの足元に、その姿をながめ入る客たちが立ちどまって、どうもとか、また、エレベーター・ガールに盛装式のユニホームを着せてみたらば、不良連がエレベーターを占領してしまって始末に困ったというような実験結果も語られているのである。とにかく百貨店の店員は、客の装いよりも高価なユニホームを着ることは禁物だといわれている。そういう点で、ホテルのポーターや、喫茶店のガールなどは、それぞれ現場の情勢を参酌して、デザインを選ばなければならないのである。

そのほか、考えておかなくてはならないのは、工場なら工場で、何々会社の工員だと一見して見分けがつくように、またサービス業の場では、そこの経営体所属の人であることがはっきり特徴づけられることも要請されてくる。つまりユニホームそのものは、職場の表象の役を果たすようにということである。そういう美の概念はシンボリカル・アートといわれているそれであるが。

細かいのでは背広の襟につけている会社のバッジ、学生たちの帽章などから、坊さんの装い、スポーツ選手たちの背番号まで、特定の団体の一員だということを表明する意味のものだ。

さて、やっかいな問題がある。農民の作業着の問題だ。これからは、大規模な農場もみられるようになるだろうが、今のところ、個々の農家それぞれが企業体の単位になっている。いわば個々の小企業体だ。だから団体として揃いのユニホームでというわけにいかない。いたって変則な場合として、農協婦人部で、揃いの会合服などをきめているなどはみられるけれど。

しかし、さいきんの農民たちは、これまでのような鍬《くわ》一本でやっている耕作者ではなくなりつつある。モーター付きの耕耘機、農薬の散布等で、その業態は協業化、共同化で近代化しつつある。けれども、工場労働者たちのように、一律に揃いのユニホームというわけにいかないのである。個々バラバラにモダン意識をもった作業服を提供していくほかないと投げてしまえるのか、どうか。

六、地方にみる洋服姿

1　農村婦人たち

終戦から五年経った夏に、関西から東北にかけて、農村をひんぱんに歩かされた。驚いたことに、どんな山間の僻村に行っても、集まりに出てくる婦人たちは、ほとんどみな洋装姿だった。若い女性はむろんのこと、中年の婦人も、おばあさんも、みんな洋服だった。百人のうちに一人か二人、着物姿も混じってはいるが、それは例外とみていいようなのだ。あるいはそれは、都会の人たちの竹の子生活を吸収し、米や野菜のヤミ売りなどで、懐《ふところ》が肥えているせいかと頭をかしげてみたが、そういう気配は、表面には出ていない。

格好はしかし、簡単服がいくらか進化したとみられるワンピース、単純なブラウスにスカートである。生地は、さいきん出まわっているプリントものか縞物で、着古したきものを更生したようなものはみられない。和服が亡《ほろ》び、更生服も衰えて、今日の感覚の生地もスタイルも、全国的にひろまったことをそれらが示しているのである。そのことを一層具体的に語っているのは農協の購買部の売り場だ。売り場には、鮮かな色調の洋服生地がならべられており、また、農協の売り場の一部に洋裁教室が経営されている例もみられる。戦前には予想もできなかった変り方だ。

そういう村の人たちの集まりで、演説をやらされるたびに、私は婦人たちの洋服姿にあいさつする言葉を投げかけてみたくなるのであった。

「拝見するように、みなさんが揃って洋服姿になってしまったことは、私にとって大変うれしいのです。洋服に切りかえたということは、心構えも新規になったのだとうけとれるからです。洋服と和服とをくらべると、洋服というものは、おいしい果物を、一層おいしそうにみせるように、美しい包み紙で包むような仕組みの服です。桃でも林檎でも、出荷するときには、うすい紙に包んで、というあの要領です。ところが着物は、たとえばご進物用のお菓子折りで、のし紙をかけて、水引きでしばって、体裁を作るのにきゅうきゅうとしておりますが、蓋をとってみると、底上がりの一かわならべでしょう。ときとしてはお菓子そのものにカビが生えたりしている。襟を合わせて、紐でしばり、帯をしめて、また帯あげや紐でしめつけて、そして、着ているご本人は、のし紙の折り目の間から首を出しているような格好でしょう。内容的でなくて格好だけ、つまり封建の遺臭がしみこんでいるのです。ご無理ごもっともという、じぶんというものを殺してしまった格好なのです。それにくらべると、洋服を装うているあなた方のお顔に書かれて

旅行途上で、一休みしている著者。

いるように、洋服は身体の健康と動きの自由、心のわだかまりもとり去られて、明朗さが湧いている。五つも十も若々しく見える。どうか、洋服を着るような要領で、あなた方の家庭生活も、村社会の生活も、新しく切りかえて頂きたい」と、みなの顔の表情の前で、しぜんにあいさつしたくなるのである。集まった婦人たちの多くは、これまで小作百姓だったのが、自作農に格上がりしたことによる表情の変化もあると思えるのだが。

私は農村の婦人たちの洋服を讃美したくなる。それで心も切りかえられると思えるからである。洋服を着るか和服を着るかということは、それはおしゃれ心にもひっからまるが、単におしゃれの問題ばかりでないと思っている。

それは終戦後五年目の夏の旅行でキャッチした、たのしい印象であったが、洋服に変ったその変り方の速さにも驚いたのである。このことがきっかけとなって、服装と住居、服装と生活態度の関連などをも考えてみるきっかけが与えられたのである。

2　戦災をのがれた都市の人々の姿

終戦五年後の旅で、戦災で焼かれた都市の人たちと、戦災をうけなかった都市のいわゆる幸福だった人たちとの比較も、しみじみ考えさせられた。戦争直後には、焼けなかった街に行くと、「何とこの街の人たちは幸福なんだろう」と感じたものだった。それが終戦から五年経って、再び接してみると、妙に逆な印象を与えられたのだった。

古い家作りや、古い道具などにとりまかれて安穏に、ここ数年間くらして来た人たちの洋服姿は、何となしに背中が丸くて、行動ものろのろしている。洋服そのもののスタイルは、新しいファッション・ブックの絵姿をうつしたようだから難がないのだが、着ている姿は頂けない。新鮮さがない。ちょっとばかり古くなったお魚のようで、どうも頂けない。

それにくらべると、何もかも焼けてしまって、苦労して建てたらしいバラックに住んで、手回りの道具類もちぐはぐで、さぞ不自由だろうと思えるような生活を体験して来て、まあどうやらという戦災都市の人たちの、その洋服姿は、服も着付けも、歩き方も、きびきびしている。毎日の生活を工夫しながら、やっていくことが身についた習慣となっているせいか、生活総体が、はつらつとしているからだといえよう。生活全般に頭を使い目を動かしていることが、おのずから服装にも及んでいるのだといえよう。

もともと、洋服というものは、生活力が活発な人たちが装うた場合にその美しさが発揮される性格のものだ。着ている人の生活力が活発であるかどうかは、すぐその姿にひびいてくる。今日の洋服のスタイルの基本形は、第一次大戦後の社会事情から生まれたという因縁のせいかも知れないが。どうも、背中を丸くして、のろのろ歩いている姿を見ると、今日の洋服と生活態度との関係がしみじみ感ぜられてくる。

風通しの悪い、日も当たらないような昔の事情に合わせて建てた家屋に住んでいる人たちの将来はどうなるのか、そういう家屋の中では、あるいは、昔ながらの和服こそとなるのかも知れない。けれども、ガラスをふんだんに使うような建て方の家屋では、洋服姿でなくてはとなると思えるのだが。果たしてどうなのか、ここに終戦後五年経った旅の印象を記しておいてみる。

七、感覚か生活か

1　コマーシャル・アートの座席

ある初秋の日であった。晴れて気持のいい日であった。「それいゆ」という新雑誌をつくる構想中だという中原淳一さんが、私の家を訪ねてきた。芝生の庭のテーブルで、お茶を飲みながら、いろいろと話をきかせてもらったのである。中原さんは独自な着眼で、創作的な意見をきかしてくれた。

私の生活場面は、中原さんの目で見ると、まるで荒れ野原のような野暮きわまるものだったろう。にもかかわらず、それなりに興味をそそったらしい。そこらじゅうに打った釘に服を吊るしていて、それを手当たり次第に着込んでいるという私の姿に、よろこんでカメラを向けたりした。普通にいわれている趣味とみられるようなものは何もない。従って建設的なスタイルなどには振り向かない。いわばスタイル空虚な生き方だ。そのうつろなことに興味をもったらしいのだ。

気の向くままに、格好などを気にしない生き方をしているつもりでも、おのずからそこに、その人らしい姿が形成されるものかも知れないのだが、そうだとすると、スタイルというものには、外側から形成していくものと、内側から形成されていくものとの、質のちがった二種類があるわけなのかと、中原さんと面接していると思わざるを得なかった。対談している二人のコントラストが余りにかっきりしていることから来る妙な調和だ。正多角に内接円か外接円かを描いたときのようなコントラストと調和とでもいえるのだろう。

言葉にも、動作にも、文章にも、日常の態度にも、また服装にも、生活態度から出るこの二種類があるわけだとも考えさせられる。片方は地金そのままで行動し、もう一方は地金を包んで提出する、そのそれぞれが習性となり切っている場合の二つの対立である。後で触れることになるが、それはドラマの衣裳とショーの衣裳との対比に当たるともいえる。

美しいなあ、という私たちのよろこびは、私たちの感覚がまずうけとって、それが感情となり、情緒となると説かれていることで考えると、さいしょに感覚が、色調や、線や、ボリュームなどの刺戟をうけつける、その際に、ハーモニーとか、バランスとか、プロポーションとかというかかわりで濾過されて、感ずる人の情緒を決定してしまうといえるようだ。そういう意味でのチャンピオンだといえる古代ギリシャの建築や彫像は美しい。そして、そういうものを創り出してくれるデザイナーたちを求めようとしているのが今日であるといえる。そしてまた、現代の商人たちが、そうあることで、需要面が賑わうというので、コマーシャル・アートという座席をよろこんで、デザイナーたちに提供しようとしている、というからくりで、洋裁家も、美容家も、また唄い手も簇出《そうしゅつ》しているのが現代なのだ。

そうあることに疑問を抱かなければ、デザイナーたちこそ、わが世の春を呼吸している人たちだといえよう。

話は飛ぶけれど、外人たちにとっては、いまだに、日本の美しきものの象徴といえば、フジヤマとゲイシャだ。そのことは、私たちにとっては、ちょっぴりと不快であり、また大いに不快に感ずるといってもいい。しかし、あの美しいと讃えられている古代ギリシャの彫像のモデルは、その当時の芸者とみられる人たちだときけばダーとなる人が多いのではないか。ギリシャ時代の夫人たちは、良妻賢母式に家事に専念する主婦だったので、紳士たちは、心の遊びにも長《た》けている美貌の芸者を求めて、生活をたのしくしたというのだ。

フジヤマとゲイシャ、そしてパルテノンとゲイシャ、それは妙なとり合わせだが、生きる者たちの矛盾をどうみるかだ。

2　生活行動と個性

もう一つの型は、感覚的選り好みには目をふさいで、直接情緒から湧いてくるものこそ本命だとして、外形的なものを二義的なものとして押しのけてしまっている立ち場だ。そしてそういう生活態度から必然型が生まれてもいく。そして個人にかかわるそれぞれの条件のまま、独自なものとして形成されて、いわば個性ともいえるものが示されることが予想される。古代ギリシャの優雅なスタイルを真似た古代ローマ人の服装と、初期キリスト教徒たちの姿との対比からそのことはうなずけよう。

敏感な中原淳一さんは、私の服や着方から、そういうことをうけとってくれたようなのだ。

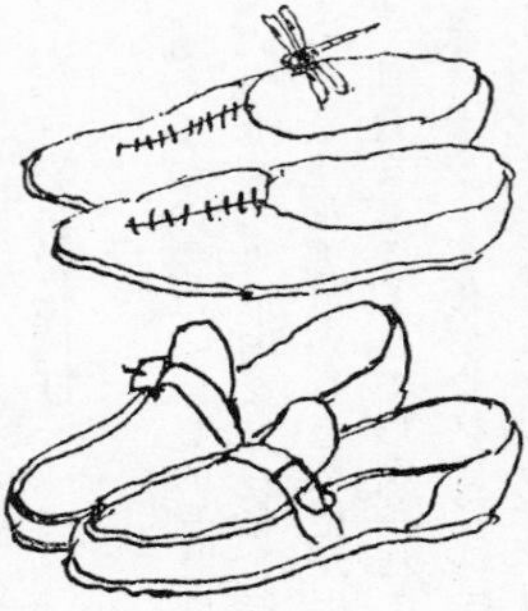

靴業界のコンテストの審査員をひきうけたことがある。某靴会社の社長さんが、私のはいている靴をみて、寸法はときかれたから、二十五センチ半だといったらば、何と驚いたことに、チョコレート色の立派な革の靴を贈って来た。けれども私には、革の靴は猫に小判の感だったので、インキの空ビンを入れて、それに花を挿して棚に飾ってながめたことがある。社長さんには丁重な礼状を書きましたが。

世間の中であくせくしてくらしていて、苦労を積んでいる人たちは、「いいなあ、あなたのやり方はうらやましいですよ」といってくれる。そして人生観としてはうなずいてもらえるのだが、しかし行動は世の中のものだというように、考えと行動とが二元になっているのが通則のようなのだ。そこへいくと、おしゃれ盛りの若い人たちは、八頭身のご本家である古代ギリシャの彫像をあこがれる一本でいっている。それは無邪気でたのしそうだ。そういう無邪気一本でいつまでもやっていけるならば、極めてよろしい。けれども、世間的にも苦労をつんでいると思えるデザイナーともなれば、孤独の席で、唇をかみしめているときがあるのではないか。

八、流行の価値を探れば

1　益なくて害ありという思想

きまって、流行の価値を否定したがる人たちは、坊主、教師、医者、老人などだといわれている。またそれらに加えて、囚《とら》われた社会心理学者なども、その部類かといいたくなる。めいめいが好奇心にひきずられるままに、じぶんというものを空虚にして、目新しいものに飛びつく。模倣する。そこで流行という社会現象が起こるというからくりになっているのだから、意味がない。いわゆる恒心《こうしん》のない人々の行為だ。信仰とか芸術とかにひそむ永遠性を求めるのが人間としての修行の本命であるべきなのに、流行に溺れる徒輩は救われないというように大上段の構えでけなしているが、服飾の流行については、さらに反倫理性が伴うと指摘されて、世の中に害毒を流しているともつけ加えられている。

今日でも、そういう学説が通用したりしているようだが、そういう学説を唱え出した学者が生きていた時代そのものについての批判から生まれた学説だったとみていいのではないか。その当時すなわち、十九世紀半ばから二十世紀のはじめにかけて、ヨーロッパは、いわゆる風俗の頽廃時代といわれた時代だったのだ。妙な流行現象がみられた時代だった。自由競争ということが、社交関係にも野放しのままだった。何々家で催すパーテーに出席するという

街のモダン・ビルディングとふさわしいのは、やはり近代的なプロポーションの服だ。着手も売り手も一生懸命、それを求めている。けれども妙なもので、お正月となれば、めいめいがお人形になったつもりで、和装姿に日本髪のかつらをかむりたくなるようだ。和服地売り場のデパート人にきいてみると、「高級和服生地はよく売れます」という。妙な因縁で私は和服地の流行柄研究会の会長もつとめているが、流行界鳥瞰図はなかなかややこしい。

ことは、お互い同志で新規な衣裳を見せ合うために行くことだったのだ。そこでは尖端を行くモードが注目を浴びて、あっというまに、模倣を呼んで流行を生んだという時代だったのだ。

そこで当然、モードあるいは流行と関連して、レデーたちのあいだに、虚栄心や、優越感や、欺瞞の心などの花が咲いて、地位の低い人が身分の高い人にみられたいとか、金に貧乏していても金持ちにみられたいとかいう、反倫理的な心理と行為とが、めいめいの衣裳を通じて展開したのだった。

これはいかん、これではいかん、という感情が先に立って、流行というものこそ、この世に害悪をまき散らすものだといいたくなったのだろう。世相の表面ばかりから物事を判断してはいけない筈の学者先生たちまでが、社会心理学などという名目の下で、流行というものを罵倒する学説をでっち上げてしまったといえるのだ。けれども、そういう一コマは、移り変わる歴史の過程の一コマに過ぎなかったとみていいのではないか。

さて、わが国の場合はどうであったか。

流行が着目されるに至ったのは、江戸時代から明治へかけてであるが、自給自足の鎖国主義で生活感情がしばりつけられ、はっきりと旧慣墨守という掟《おきて》の下でくらさなければならなかったのだから、目新しいことはすべて否定されて、質実勤勉であることがほめらるべきこととされた。新規なものを身につけることは、それだけで浪費とみられ罪悪とみられたのだ。私たちが戦争のとき、物資欠乏に押しこめられたとき、二宮尊徳の姿がほめらるべき人の代表かのように、学校の庭に飾られたのも、そういう理由からであった。

もしも、西洋の風俗を無差別にとり入れた明治の文明開化時代が、ずっと続けられていたならば、たとえば鹿鳴館時代にみられたような、時の西洋の流行がつぎつぎと模倣されて、第一次大戦後のショートスカートの流行まで、順序を踏んで、移り変ったのであったろう。そして、当然、西洋流の流行批判もはいって来たろうと推せられる。けれども反動思想にカバーされてしまってからは、風俗は江戸時代の軌道に還されて、服飾の流行は芸者の衣裳ということが慣わしとなったので、流行とは裏道のことととされて、学者先生たちも社会心理学などという大げさな言葉で、それにタッチしないままに経過したのであった。

けれども、戦前とは全く素質のちがった、大戦後のショートスカート以来の流行について、いまだに、昔の武家気質を温存しているとみられる今日の紳士たちのなかには、流行といえば無駄なもの、有害なものだと考えたがる素質はないとはいえない。流行――新しがりや――見栄坊――奢侈《しゃし》などという循環で考えることに支配されているような。

このように、わが国における流行批判は、問答無用式に捨てられたままにおかれたといえる。

2　健康の点、家計の点からは

封建社会の服飾は慣習にしばりつけられたし、自由放任社会の服飾は無理な競技へと展開したために、しばしば、身体の健康がいためつけられたり、また家計の無理による悲劇におちたりした。

宗教の力が絶対だった、西洋の中世のはじめには、神から与えられた私たちの体型を素直に示すことが服装の良心でなければとされたので、無理のない構成のものだった。しかし中世の末になると、健康や行動を無視しても、奇形なスタイルを求めようとする傾向のものになった。婦人の床にひく長い裾、高い尖った帽子、胸や背を広くあけたスタイル、男子たちのものとしては、七十センチも靴の尖端を長くするなどの、どうみても行動を不活発にし、従って健康に悪いスタイルを好むようになったのである。

ルネサンス時代になってからは、人体の自然とは全く関係なしに、服そのものを抽象的な形式美の枠の中のものとしてしまった。特にひどいのは、婦人の胴はきりきり細くなければ美学的でないというので、内臓の営みとは関係なしに、固い骨入りのコーセットで胸から胴をしばりつける方式にしたのである。そして、スカートは大きくふくらませてという、全く人工的なプロポーション、人体の自然無視のプロポーションを追うことになったのである。そして、そうあるのが流行だとなれば、たれもかれも、そういう窮屈な装いを求めたのだった。恐らく、罹病率や死亡率は、ぐっと高まったと思えるのだが。

健康であることよりも、美しい（?）服をと求め合ったのが、十五、六世紀のルネサンス時代から、十七世紀のバロック時代、十八世紀のロココ時代の、それぞれの流行服飾時代だったのである。窮屈な小型の靴、ハイヒールの靴なども、その期間に工夫されて愛されたのだった。そして、当時の貴族たちの社交歓楽は、昼は寝て、夜はパーテーで、という状態だったのだ。

労働とは卑しい身分者たちのやることで、貴族たちは歓楽を生活としておればいいというのが、東西を問わず支配階級者たちの考えだった。だから、そういう人たちの服飾は、健康をかまわず、また金にも気がねすることなく、不自然な造形的服飾を巧み、それを競い合うたのだった。

男性たちの飲酒と、女性たちの衣裳とが、健康をも家計をも乱脈にするわけだが、かのルイ十六世の王妃マリー・アントアネットは、宝石商人からの借金のために、信用を失し、それがきっかけとなって、ついにギロチンで生命をおとすことになったのだった。

さて、わが国ではどうであったか。

わが国の有職故実的な、あの窮屈そうな御殿式衣裳は、活動力を削《そ》ぎ、健康をいためただろうことは推測できる。また、江戸時代になってからの、健康だとはいえないレジャーにひたる人々の衣裳も、その長い飾袖、幅の広い帯、着付を整える紐、裾さばきの不安定、また、グロテスクな装髪などで、どれだけ婦人たちの行動力や健康や、寿命を縮めたことか。工夫をゆるされない慣習の穴の中の服飾にも、男性たちをひきつけようとする競争から、誇張されていった服飾にも、健康と金との無理が示されている。

くりかえせば、西洋においても、日本においても、衣裳の流行的競技から、身体の健康も、家計の健全も、ふみにじられていたのが、世界大戦によって洗礼をうけなかった過去の時代の通性だったとみていいようだ。

3　だが、流行は現代に生きる人々のもの

流行という社会現象のなかで、私たちのご先祖様たちは、随分なやまされたものだ。封建社会のなかで生きていたご先祖も、自由放任社会のなかで生きていたご先祖様も、スモッグのような見通しのきかないなかで、よろこびもしたろうが、むしろなげきの方が大きかったのではないか。

二十世紀になってからの第一次大戦、第二次世界大戦は、すっかりそういうなやみを吹き飛ばしてくれたとみるのが、果たして至当かどうかというのがここでの問題となる。

二回の大戦で、世の中ががっちりした民主主義社会にならざるを得なかった。普通選挙、婦人参政権で、万人が政治的に同権となり、社会保障制度もその序について、くらしの思想も、以前とは一変したのである。もちろん、どこそこの奥さんなどは、いぜんとして古い流行観念で、じぶんの身なりを気にしたりする例外はあるのだろうが、大勢はもはや、流行というものの価値を見直しているといえるのだ。

新しい流行の原理は私たちじしんの欲求のなかに求められよう。たとえば「今日もコロッケ明日もコロッケ」、農村でいえば「ばっかり食」（菜ッ葉や大根などを大鍋で煮ておいて何日もそればっかりをおかずにする昔からの食べ方）では、私たちの気分が停滞する。つい働く気力も弱まり、のろのろした行動しかできなくなる。

生活とは習慣である、という定義は、旧慣墨守をモットーとしたわが国の江戸時代のものであるが、今日では、生活とはリズムである、と定義しなくてはなるまい。食物の献立にはリズムがなければならないのと同じことで、衣服にも、住居にも、それがなくては今日のものとはいえないのだ。

ところが衣食住とならべてみると、食物は胃袋の大きさで制肘《せいちゅう》され、住居の模様がえは相当金がかかるのでストップされがちだが、衣服となれば、そういう制肘から、逃れやすいから、つい、幾枚も買い溜める傾向があるので、うっかりすると着道楽のなげきを経験したりするのだが、生活の外回りの関係、つまり社会生活という観点からみると、たれにも社会意識が今日のものとしてのびつつある関係で、とんでもない高価な衣服を装うて世間の中に出ることは、かえって逆効果を来たすことになるといってよい。

今日の民主主義社会においては、厳密にいえば、以前の社会にみられたようないわゆる有閑階級という人はなくなって、みんなが、それぞれ社会的労働をするというのが原則なのだ。(この点で、家庭の主婦の家事作業についての価値評価は、至ってややこしい問題となっているのだが。)そして労働をする人たちにとっては、レジャーは空《うつ》ろなレジャーではなくて、レクリエーションといえる素質のものとなっているわけだ。誰かの新調の服装は、じぶんの心にも、社会の人々の心にも、レクリエーションの媒材となっているか、そうではなくて、特定の人々の集まりの席で、お互いの有閑的満足を示し合うだけのものになっているか、そのどっちかによって、現代的であるか、前現代的であるかの勝負が決定されるのだろう。荒っぽいいい方になったけれど。

私たちが毎日経験している、あの東京駅でラッシュ時に乗降するBGの姿は、社会一般へのレクリエーションの媒材となっているといえよう。個々人でみると多少、じぶんの装いの方が、あの人のよりもなどという心のわだかまりがあるだろうけれど、結局は、新調の服で、じぶんもたのしみ、社会いっぱんもたのしい、というのが本筋だといいたい。

そして、そういう社会的な流行を街に流すことにタクトをとっているのが、今日の衣料産業だということも考えられてくる。業者たちは、多数の人たちに買ってもらうことを目標として生産し、できるだけコストを下げていっぱんに提供することを願っているのである。織目、色調、柄合を研究機関にはかって用意十分な構え方をしてである。つまり今日の衣料生産は、来たるシーズンの社会の人々へのレクリェーションを規格づけている立場なのだ。社会的レクリェーションのためというより、個人的なレジャーを対象にしている残存衣料とみられる和服生地の場合には、せいぜい一柄は百から二百反止まりといわれているのに対して、今日の洋装の生地は、一柄何千反を一気に生産している。いうまでもなく和装は高価であり洋装は安いということになってくる。

もちろん、専門店という店では、和洋にかかわらず高価なものを、レジャー人のために用意しているが、それは今日では例外的なものだといっていいだろう。

ここで、飛躍的な空想をしてみたくなるが、もしも、あの東京駅のBGたちの装いが、かつての戦時中の人々の姿のようだったらば、中共の人々の衣料生活、ソ連の人々の衣料生活などと比較してみなければならなくなるが、そうすると、それぞれの国柄というものとからませて思索しなければならない課題となるであろう。わが国の現実、それを土台としてのみ、今日の流行を考えることは、何かの手落ちがあるようにも思えるのだが、ここでは、今日の日本社会を標準として考えておくにとどめよう。

ここまで考えてくると、流行というもの、特に衣服の流行というものは、社会そのものの素質によって、ちがった性格のものと判定しなければならなくなる。だから、今日の流行について論評するのに、前時代の現実から考え出した理論をもって来たのでは、ぴったりしないし、場合によってはナンセンスに終わることになる。イデオロギーのちがう国の場合もまた、といわなければなるまい。

九、歓楽を求めるための衣裳〔古代エジプト〕

1　過去時代の服飾を味わう心

服装のことを勉強していると、学問なのか芸術なのかわからなくなる。考古学といえば学者の仕事だが、美的鑑賞といえば芸術にひたることになる。第三の立場だといえばそれまでだが、しかし、私などは風の吹きまわしで、学者的になったり、芸術家らしくなったりする。学問となれば、年代のこと、時代の性格のこと、伝播のこと、そして個々の事実のことなどを、いよいよ精緻に探すことにいそがしい。しかし、デザインのこととなれば、そんなことにはついていけない。知性よりも感性に集中しなければならないから、学究者とデザイナーとはお互いに、はなれていくのが当然のことのようだが、これらの両方が、今少し、知性の幅を、感性の幅を広げたならば、これらの二つの合流点があるのではないかとも空想せずにおれなくなる。

ここでは、優れた文学書の中から、作者がどういう風に過去時代の服装について記述しているかを抽出してみよう。いうまでもなく、文学となれば、その当時の人々の生活感情をはなれては書いていない。過去時代の服装は当時の生活とどんな機微な交渉があったものかを、優れた文章で描いているのに接すると、たれでもなるほどと、うなずかないわけにいくまい。

太陽の神は昼の役割りを果たして、舟で、西方に営まれるわが家である極楽浄土へと帰られる。死んだ人たちの魂をもその舟に乗せて、……という神話を描いた絵。現代のラッシュ・アワーの乗物で運搬されている人たちとくらべると、四千年前の世界は悠々たるものだった。
そして、朝、神殿の奥の間に帰られた神は、司祭たちの手でなまめかしくお化粧も衣替えもされる慣わしは本文でみていただきたい。

もちろん、文学は考証十分なことが生命である学問とは異なる分野なのであるから、単純に、ああそうか、とうけとったのでは意味がない。作者の想像力で服装と生活とを密着させて押していっているのが文学の本来なのであるから。

2　神像の化粧と衣裳

ご承知の世界的なベスト・セラーである、フィンランド生まれのワルタリ作の『エジプト人』（飯島淳秀さん訳）からひろってみることにしよう。はじめから神秘的な信仰のことで申しわけないが。
「私は断食と不安とで弱っていた。神殿の閉された奥に導かれていったときは、司祭の後ろから、にこりともしないで歩き、厳粛な気分にさせられていた。太陽神の聖舟は西の丘のかなたに向かっていた。衛兵どもが喇叭を吹き鳴らした。神殿の門はすべて閉された。ところが、私たちを導いていた司祭はすでに生贄に捧げる料理や果物菓子をたらふくつめこんでしまっていたのだ。その顔からは油がしたたり、頬は酒であかく染まっていた。一人笑いしながら、彼は帳《とばり》をかかげて奥の至聖所を見せた。巨大な石に彫りつけた石龕《せきがん》に、太陽神が立っていたのである。頚布や襟布の宝石が燈明の光に生ける眼かのように、緑、赤、青にきらきら輝いていた。朝には、司祭に指図されて神体に油を塗り、お召しかえをすることになっていた。神は毎朝、新しい寛衣を求めたからだ。……緋色は神々と国王のみのつける色になっていた。その顔をじっと見上げていると、あたかも石の重しを胸にのせられ、窒息させられるかのような感がしてきた」

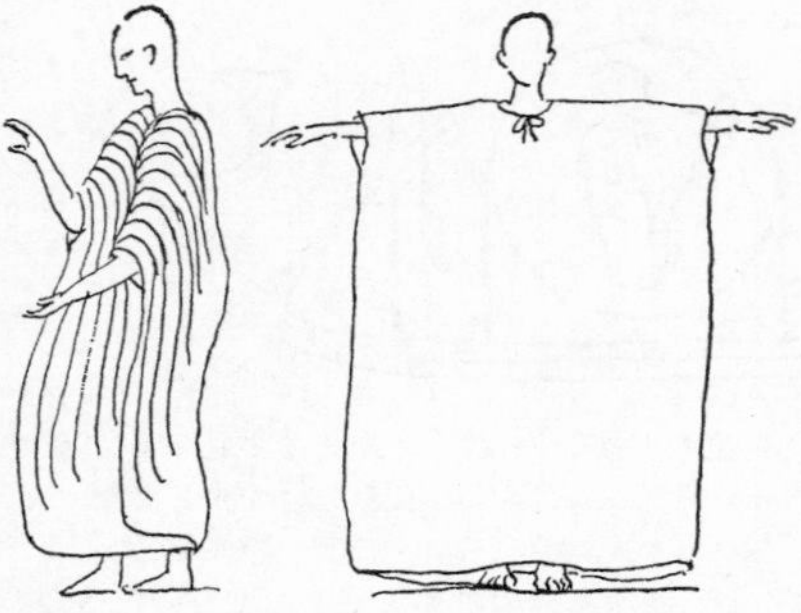

神にサービスする坊さんの白色のローブ。常人の衣服とは対照的で神秘的だ。

これは紀元前十四世紀、今から三千四百年も昔の、エジプトの新王国時代の十八王朝アメンホテプ三世のときのことで、当時神殿の奥に安置されていた太陽神の像を中心とした描写である。すでにもはや、信仰は感覚的な世界のことに堕していたことが示されている。小坊主たちが、毎朝、司祭に導かれて、神像のお化粧や、衣替えに奉仕しているのである。

寛衣（robe）は恐らく僧侶たちの着ていたものと

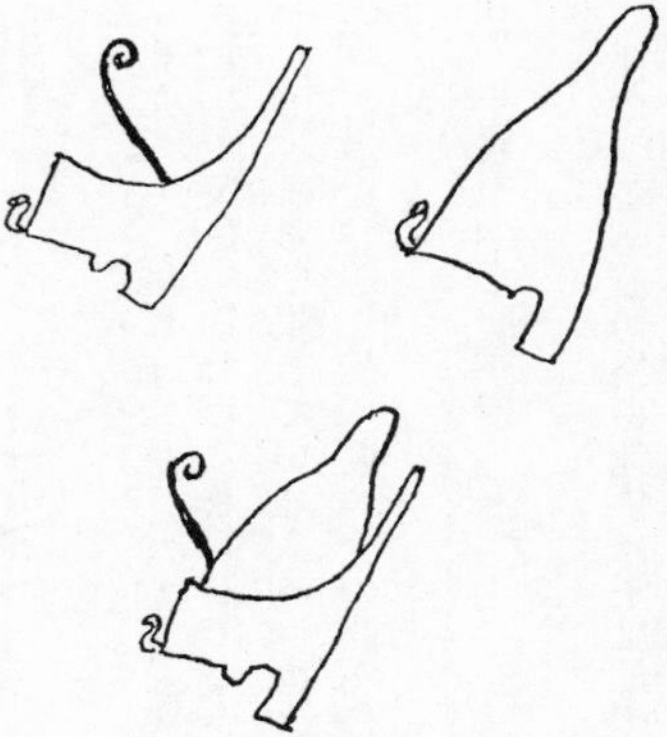

三つの冠は王の位にある人の象徴で、右方のものは上エジプトの統治者を示す白色のもの。左方は下エジプト王のもので赤色。そして下方のものは、上エジプトと下エジプトとが合併されてからの王の二重の冠である。

同形のものだったろうが、神像と国王の寛衣は、夕日のあかあかとした色だったという。「太陽神の聖舟は西の丘のかなたに向かっていた」とは、現実の太陽は西にかたむく夕方だったというエジプト人の考え方だったのだ。太陽の神は舟にのって、ご自分の住所であられる極楽土にお帰りになる、死んだ人たちの魂も舟にのって、その極楽土へとめざして旅立つ、とエジプトの宗教は説いているのである。

　この小説の主人公はシヌエという当時初心者の小坊主だった。まだ神への礼拝の作法も知らなかったので、司祭に厳しく叱られている。

「司祭は私の方に向き直り、剃りおとした眉根をよせ……襟首をつかんで頭を床におしつけて、神々や国王の前でする拝礼の姿勢をとらせた」

　司祭は眉根をも剃りおとしていたのである。

「仲間のものがあわてて、香や、塗布油や、化粧料を持って来た。シヌエにも割りふられ

鷹の頭飾り——王家の人々であるという印で、額につけている蛇も同様である。

た役割りがあった。自分の役目を思い出すと、前庭に出て行き、神の頭や、手足をすすぐ聖水の器と聖別した湯布とを取ってきた。神像の唇、頬、眉に化粧料を塗った。……最後に像を裸にして、まるで身体を汚しでもしたかのように、洗って拭ってやったのだ。それがすむと、襞のついた緋色の腰布と胸掛けとをまとって、肩から寛衣をかけて、袖に腕を通してやった」

死んだ人の屍にまた魂が帰ってくると信じていたのだから、屍を腐らせないように、ミイラとして保存するために並大抵でない苦心をしたと同じ心理が、神の像を扱うことにも及ぼされて、まるで生きている人々へのように、毎朝このように化粧してやり、衣替えをさせるのであった。そして、襞つきの腰布は、王の装うきまりにもなっているのである。

3　司祭・王の装い

神につかえる司祭の地位は王に準ずるものだった。

主権者はまた、顎に髯をつけ、手に笏と錫杖を持ち、腰に獅子の尾を装うのを慣わしとしている。たとえ女王であっても顎髯をつけたのである。

その司祭の装いは、

「白い僧衣の司祭たちが、なれた手付きで乳牛を屠り、四つ裂きにしていく。……司祭たちはでっぷり肥り、いかにももったい振って、剃った頭が油でてらてら光っていた」

いかにも末世の僧侶らしい姿が描かれている。僧侶たちは白衣を着るのがきまりになっていたが、その形は至って単純な寛衣だったのである。しかし、僧侶になろうという志願者たちは、「入門式をうける者のきまりとして灰色の肩布」を着ていたのである。そして彼等の

「長い見習期間が終わると、頭に聖油がそそがれ、僧としての誓いをなし、そして認許状をもらったのだ。……潔めの儀式をすませると白衣を身につけることができたのである」

見習僧時代の灰色の肩布、そして僧職としての白衣の寛衣のきまりが記されている。

「しかも国王（アメンホテプ三世）は病床にあった。……黄金、宝石に身を飾りたてて、重い二

重の王冠を頂き、彫像かのように微動だにしなかった。侍医たちはもはや匙を投げていた」

二重の冠とは、上エジプトと下エジプトとを併せた地域の領主であることを象徴する冠である。そして王は死なれたのである。

「大王の遺骸は『死』に侵されない術を施され終わると、『王の谷』という安息所（王家の墓地）に安置されて、その墳墓の扉はことごとく王璽《おうじ》によって固く封印された。そこで王母が王を象徴する笏《しやく》と錫杖《しやくじよう》とを手にして王位に登ったのである。その顎の下には、主権者の象徴である髯をつけ、腰には獅子の尾を巻きつけた。王子はまだ国王の王冠を頂いていなかったのだ」

国王としての象徴的な装いがここに示されている。手に笏と錫杖とをもつこと、女性であっても顎髯をつけること、腰に獅子の尾をぶら下げること、そして頭には王冠を飾ってという姿だったのだ。なお、

「わが王こそは、王家の頭飾を頂いておられるあのお方だ。この鷹が自分をその方へと導いてくれた。これほどたしかな証拠はござらぬ……。」

とは、砂漠をさまよう無名の勇士が、鷹に導かれて、鷹の頭飾を装うた王にめぐり合ったときの言葉であるが、王家の人たちは、鷹をその頭上に飾ることを慣わしとしていたのである。また蛇も、王家の人々を示すシンボルとして用いられた。

4　歓楽にひたる女性の装い

美しい女性の姿を語る絵画や彫刻をエジプト人は沢山のこしている。どれもこれも、薄地の衣をつけて、美しい身体のシルエットが透いて見えている。そういう作品のなかで、この小説の作者が、考古学的な資料をあさりながら、たのしい空想に恵まれつつ、書きつづけたと思えるのである。服装が女性の美をどのように高潮しているかが、魅惑的に描かれているのである。

エジプトの佳人は、乳房も腰もすけて見えるような薄地の亜麻布で作った寛衣を装うていた。唇も、頬も、眉も化粧して、指輪や、腕輪や、耳飾りを飾っていた。そして頭をツルツルに剃って、かつらを装うたのである。

場面の筋はこうだ。僧籍へ入門したばかりのうぶな少年であるシヌエという物語の主人公の前に、忘れることのできない感銘を与えてしまうような美しい一人の女性が出現する。それでロマンスが展開するのである。

舞台は、神殿の一郭の「俗人が近づくことを許されている柱廊」でということになっている。かれが、そこを「逍遥していた。色華やかな聖画や、国王が戦役から持ち帰って、略奪品の神への分け前として太陽神に捧げた豪勢な奉納品を語っている碑文を仔細に眺めていた」

「そこでシヌエは、一人の美しい女性に会った。乳房も腰もすけて見えるほど薄い亜麻織の寛衣を、その人はまとっていた。すらりとたおやかな身体、唇、頬、眉は美しく化粧してあった。その人は恥らいもみせずもの珍しげに彼を眺めていた」

身体がすけて見える、高級な亜麻の織物の寛衣——訳文には寛衣とあるが、それはおそらく、巻衣（縫わない生地を身体に装う衣）式の襞の豊かなものだったのだろう。巻衣の着方には着る人の好みのままに実にいろいろな変化があった。

そしてその美しい装いの女性は、「入門式をうけた者の印である灰色の肩布」をつけた、心もまだ育たない少年シヌエの前に立っていた。

「女性は宝石をちりばめたサンダル靴で、じれったそうに鋪石をたたきながら」立っていたが、シヌエは「そのほっそりした足に目を落とした。ほこりに汚れておらず、爪は美しく紅色に塗ってあった……」足指が露わに示されるサンダルをはいたその足の爪は、当然また化粧の対象となる筈だ。「彼女は指輪や腕輪で重そうな手をさしのべて、シヌエの頭に触れ、優しい声でいった。『こんなにきれいなお顔、剃りたてで、寒くはありませんの？』……」

そこで軽いゼスチュアが開けていく。「彼女はシヌエの意気地のない手をとって、自分の腹部におしあてた。シヌエの手は薄ものを通してそのふっくらした小丘に触れた。……彼女は寛衣をずらせて、そのあらわな胸にシヌエの手をそえた。それは手の下でふわりと軟らかく、ひやりとしていた」

身体に巻いて着ているばかりの服装はそのような仕草を自然に誘うものといえる。身体をすかせてみせている薄物の巻き衣の魅惑が思われてくる。

彼女はネフェルネフェルネフェルという名前だった。その彼女は、「テーベ（当時のエジプトの都）には顔を塗り、亜麻布をまとう濃艶な佳人美女がはくほどいる」そのなかでも著しい美人だったのだ。そして彼女の美しさにも比べ得られたのは、ただ「その唇と頰を黄色っぽい赤に塗り、つぶらかな黒い瞳をし、……純亜麻につつまれたその手や足、……その目も虹の弓の如く、まるみを帯んで……」というようにいわれていた王女の姿だったのだ。

単純な巻衣を装う場合には、身体自体を幻惑的に見せるために化粧もアクセサリーも重要な役割りをしていたことが、これらの形容の言葉でうなずけよう。

さて、ネフェルネフェルネフェルは、歓楽を売る家で客を呼んでいる女だったのだ。

その彼女の家を、余程年経ってからシヌエが訪ねるめぐり合わせになる。その客に対して「元気のいい召使いどもは手に水をそそいでくれ、暖かい料理や化粧膏や花の何ともいえない匂いが、露台まで漂ってきている（露台は玄関に当たる場所）。そこで奴隷どもが花環の飾りをつけてくれる」やがて「大玄関に足をふみいれる」というのはエジプトの大邸宅の構えを物語るものであり、また訪客があった際に玄関番の奴隷たちがやるエチケットなのである。花と匂いで客を歓待するのは、南国エジプトのもので、その花は、当時の絵で見ると、もちろんロータスが主で、花に香水をそそいだものを客に供するのが風習だったのだ。

「輿椅子《かご》にのって通り過ぎる貴婦人……香油の匂いがほのかに漂うのだった」などもエジプトのものだ。

大広間にはいったシヌエは、この歓楽の家でいちだんと見事に装うた彼女の姿を見た。「薄い純亜麻をまとっているために、その四肢がすけてうつり、まるで女神と見まごうばかりに輝いていた。頭には重そうな青い鬘をかむっていた。真紅の宝石を身につけていた。眉墨をひき、眼の下は緑色に隈どっていた。けれども、何にもまして輝いているのは緑の瞳であった。真夏のナイル河を思わせる。……」

アクセサリーや化粧の有様がいちだんと細かく描かれている。ここで少々けしからん場面になるが、エジプト人のアクセサリーや服装の着付けにかかわる理解のために、あえて記してみると、今日のキャバレーそっくりのあくどい情景そのままだ。その大広間の光景は、

「……怒鳴る、笑う、酒壺がひっくり返る、ふみつぶされた花が床に散らばっている。大変な騒ぎだ。シリア人の楽師どもは、わざと人の話をききとれないように、楽器を鳴らしたてている。……もうしたたか酒をあおった後なのである。一人の女が吐いた。召使が丼を渡したのだが、すでにおそく、着物を汚してしまった。皆がこれに笑いたてた」「召使がシヌエに酒をついだ。このときほど酒の味の快さを味わったことがなかった」「……吐いた女は口をすすぐと、またも酒を飲んだ。やがて汚れた寛衣を脱ぎすてて、放り出した。鬘もとってしまった。素裸になってしまった」

まるでストリップのそれだ。その彼女は、

「両の手で両の乳房をはさむようにおしよせ、召使に命じてその乳房の間に酒をつがせた。そして飲みたいものに、それを飲ませた。彼女は若々しく、美しく、大胆に――笑いながら部屋をよろめきまわり……そして酒を盛った乳房をさし出した。……彼は身をかがめて、それを飲んだ……。食いいるように女をみつめ、女の剃った素肌の頭をかかえこみ、接吻した。みんな笑った。女も一緒に笑い声をたてた。と、急にわが身が恥ずかしくなったのか新しい寛衣を求めた。召使がそれを着せ終わると、女は鬘をかむった」

この乱痴気さわぎの情景で、学ぶことができるのは、鬘はぬいだりかむったりしたものだということだ。そして鬘をかむるのに頭はぐるりと剃るものだったのだということだ。エジプトでは、男も女もそうしたものだったということは考古学書にも書かれているけれど、どういう場面で、どういうつけ方をするのかという実感は、こういう描写からでなければわからない。また、寛衣といっている巻布はいかにも手軽に、ぬいだり着たりしたものだということもこの場景でわかる。

さらに、鬘をぬいだりつけたりする場面が描かれている。それをひろい集めてみると、「彼女は薄い純亜麻に身をつつみ、(純亜麻の服は、エジプトでは最上級のものとされて愛されたようだ) 金糸そっくりの黄褐色の鬘をつけた。首にも手首にも踝《くるぶし》にも、凄い宝石を飾りたてて……」とか、「奴隷が彼女の乱れた服をぬがせ、手足に香油をそそいで擦りこんだ。彼女は鏡の中の自分をみつめながら、化粧し、鬘をつけ、古代黄金細工の台にはめた真珠や宝石の新しい装身具をとりあげ、額につけてみた」とか、また「彼女は鬘をぬぎ、額の飾りをとった」など、そして、鬘そのものは、羊毛その他で、房に編んで、いろいろな好みの色に染めたものだった。

大広間から廊下を過ぎて、数個の私室、寝室、化粧室などがもうけられているのが、古代エジプトの大邸宅の間取りだった。大広間の別の側には、宴会用の酒や食物などの貯蔵庫が連なっていた。ここに描かれているのは、私室にみられた行動の有様である。そこでの行動がもっと露骨に描かれている。

「彼女は平気で服をぬぎ、寝台に長々と寝そべり、奴隷女に香油をぬりこませ、……彼女は、その平たい腹部がへこむほど、長々と寝台に身をのばした。全身、一筋の毛もなかった。その頭にも、その身体にも」

全く傍若無人の態度だ。全身に毛が一本もないすっ裸の身体、服もアクセサリーも全部とり払ってしまった身体、その身体こそ、エジプトの彼女たちの服やアクセサリーで飾る基台だったのだ。そういう基台をいかに美しく見せるかがエジプト人の巧みだったのだ。古代エジプトの服装の魅力がこういう関係から生まれたのである。いわゆる服装そのものの既成形式にはとらわれることなく、身体そのものを美しくみせようとしたことに特徴があり魅力があるのである。

なお、書き添えておきたくなるが、彼女たちの装いの美のためにサービスしている女奴隷たちは、古代社会では、人格の全くない存在、まるで「物」として扱われたのだったから、奴隷たちにはどういういやなことでも遠慮なく命じることができたということだ。

十、神に近づくための服装〔初期キリスト教〕

1　教養高きローマの紳士のなやみ

有名な小説、『クオバディス』（キリスト何れに行き給うや・木村毅さん訳）に描かれている服装のことをひろってみる。古代ローマでキリスト教がまだ公認されなかったとき、しかも紀元六十六年に、乱暴極まるネロ皇帝が、キリスト教徒を迫害した前後のことだと考えていただきたい。

ローマ市民である教養高き紳士たちはこういうトーガという衣をまとっていた。

初期キリスト教時代の代表的な服装は、ダルマチカと呼ばれる単純な服であるが、その服はまだ行なわれるに至らない以前に、ローマの都の場末に住む貧しい人たちの着ていた服がもっぱらとりあげられている。古代ローマの市民たちが着ていたのは、トーガとストラと呼ばれる服であったが、貧しい人たちは、羊の毛で作ったみっともない布を着ていたのである。この二つの対照的な服についての服装感情が、この小説に巧みに描き出されている。

思想史でいっているように、ギリシャ・ローマ的精神とキリスト教的精神とは対立的なものだが、美というものの考え方も、全く対立しているといえる。それが、時の人々の考えや行為を通じて、どう語られているかをみていただきたいのである。

当時のローマの教養人で、粋判官とあだなされていたペトロニウスが、異国生まれでキリ

ローマの紳士の部屋着はチュニカという単純な形のものだった。随分派手な柄物もあったらしい。そして外出のときには、トーガを装ったのだ。

ローマの婦人たちは、ギリシャからの伝統のストーラ（ギリシャではキトンといった）という衣をつけた上に、外出のときにはパルラ（ギリシャではヒマチオンといった）という大型の巻き衣を装うた。

スト信者であるリギアという名の美しい女性と恋におちている青年ヴィニキウスにあてて手紙を書いている、その中に、

「ヴィナスがリギアに化身し、奴隷がみんなエウニケ（ペトロニウスが愛していた女奴隷―ローマ時代にはそんなことをたれでも常識としてゆるし合っていた）のようになるときが来ぬかぎり、いいかえれば、芸術が人生を美化せぬ限り、人生そのものは無意義で非常に猿に酷似しているというべきだ」

と、美しい女性への恋愛について絶対的に讃美して、そうでない人生を否定し、そのように私たちを誘うようなギリシャ・ローマ的な美しきものを求むべきだと説ききかせているのである。

ローマの下層の人たちの着ていた短いチュニカ。

しかし、愛すべき青年であるヴィニキウスは、かれの恋人リギアにおいて、ギリシャ・ローマ的な美しさではないものを、彼女がキリスト教徒であるが故に発見し、それにひきつけられていくのである。

「かの女は疲れているのか、睫毛を伏せ、膝に両手を垂れているそのかの女の横顔をかれはみつめた。かれの既に異教徒（キリスト教徒）的になっている頭のなか

初期キリスト教徒たちが常用したダルマチカという服。ギリシャ・ローマ精神とキリスト教のそれとはちがうように、服の形も性格もちがう。美の標準がちがうのである。こういう服を装うことによってかれらは信仰を表明し、また魂を固めたのだ。このダルマチカといわれる服こそ、キリストが刑に処されたときに着ていたもの、つまり当時のエルサレムの民族服だったのだともいわれている。

に、徐々にではあるが次のような思想が生まれてきた。すなわちギリシャ・ローマの均整のとれた、自負心の強い、自慢の裸体美以外に、この世界には、清新で、全く純潔で、魂の棲家になっている人の姿に、もう一つの美が存在しているのだ」

とかれに思われてきたのである。

そしてかれは、ギリシャ・ローマ風の美を讃える世界から、異教徒といわれているキリスト教徒である愛人の姿にみられる美こそと、それに熱中する方向へと静かに移って行く。その彼の切実な体験から、尊敬する先輩である人へ、はっきりと抗う言葉をおくるのである。

「……しかし、とにかく、かれら

の宗教が世に行なわれれば、ローマの支配権は滅びます。ローマそのものも滅びます。征服者と被征服者、富める者と貧しきもの、主人と奴隷との区別は撤廃されます。政府は倒れ、皇帝は廃せられ、法律も、世の秩序も一切失われてしまいます。そしてこれら一切の代わりに、従来前例のなかった一種の慈悲を具え、あらゆる人間、あらゆるローマ人の本能とは正反対の親切さをもったキリストが出現します。……キリスト教徒は言葉で約束しただけでは満足しないのです。必ずその教義を真理と信じ、魂に他の何ものをも介在させてはならないと迫るのです。……しかし……私の理性はいうのです。リギアに対する愛のためにのみ私はそうしているのであって、かの女なかりせば、私にとってこの世にキリスト教徒ほど好かぬものはまたとないのである、と」

エゴイストであることから、抜けきれないかれは、愛人への愛の心と、神に帰依することから出る行動とがまだぴったりしてはいない。愛人への感激の心を通して、もうろうとした神の統べる世界をみているのであるが、習慣づけられているギリシャ・ローマ的明朗さを捨てがたく苦しんでいるのである。

「かつてかれは、自分を享楽させてくれるものは何でも善であると考えていた」その観念を捨てがたくまよい苦しんでいるのである。

先輩であり達人であるペトロニウスもまた、愛する青年の変わりつつある有様をみて苦しむのである。自問自答のかたちで次のように投げつけるような言葉をいう。「地獄よ、かれを食いつぶして了え。かれらの信仰が善であるという考えなのがそもそもお前の間違いだ。

何故ならば、善とは人生に幸福を、すなわち美と、愛と、力とを与えることだ。ところがキリスト教徒たちはこれを虚栄という……」

2　信仰と服装

それは思想と思想との戦い、生活様式と生活様式との戦いだ。両方の側で、それぞれ徹底的ななやみを経過することによって、古代ギリシャ・ローマの生活を美しくしていたといえる服であるストーラとトーガとパルラとの装いは、一歩ずつ、キリスト教徒の観念で別のものに移らざるを得なかったのだ。異国の風習、しかも、キリスト教を信ずる国の人々が着ている服装であるダルマチカへと。（しかし、ここの舞台の年代では、まだダルマチカと呼ばれる服が現われていない。）もちろん、地下の礼拝堂で祈るその当時のキリスト教徒たちの服装は、ペトロニウスの言葉をまつまでもなく、美しいといえるものではなかったのである。信者であるというシンボルとしての衣服、そのシンボルの奥にひそむものこそあがむべきものであったのだろ

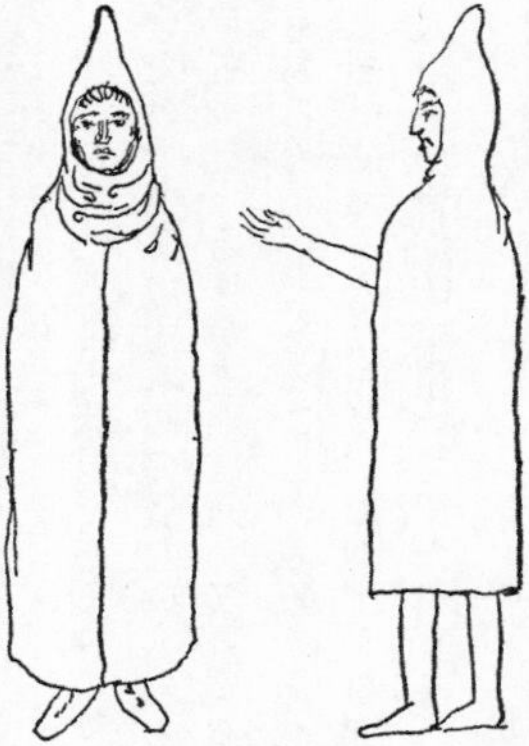

貧しい者や、旅行者や、農民たちが雨の日に着た素朴な外套。

うが。

認められたる紳士諸君であるローマ市民のほかに、ローマの街には、貧しい人たちは大勢いたのである。それらの貧しい人たちや、旅行者や、農夫たちが、雨の日に戸外で着る外套があった。それがまた信仰を表象するものへと生育していった。ローマの貧民街の人たちは、もちろん市民であることの表象であったトーガをつけることがゆるされない。それで、権力の圏外におる人たちは、おのずから別の形の外套を着なければならなかったのだが、貧しき人たちが習俗的に用いていた外套を、階層や信仰のちがいを表わすシンボルとするに至ったのである。大衆がそうきめたか、選ばれたる市民の方でそうきめたかは不明であったが。それはペニュラと呼ぶマント型の外套である。

「×××は新しい外套に包まりながら、その襞の下で、貰った財布を掌に載せて、その重味とそのちゃらちゃら鳴る音とに有頂天になっていた」と書かれているのをみても、外套は決して上品さを連想させるものではなかったといえる。

それなのに、青年ヴィニキウスは、その恋人であるキリスト教信者であるリギアが、そのような外套を着ているのを見たのである。

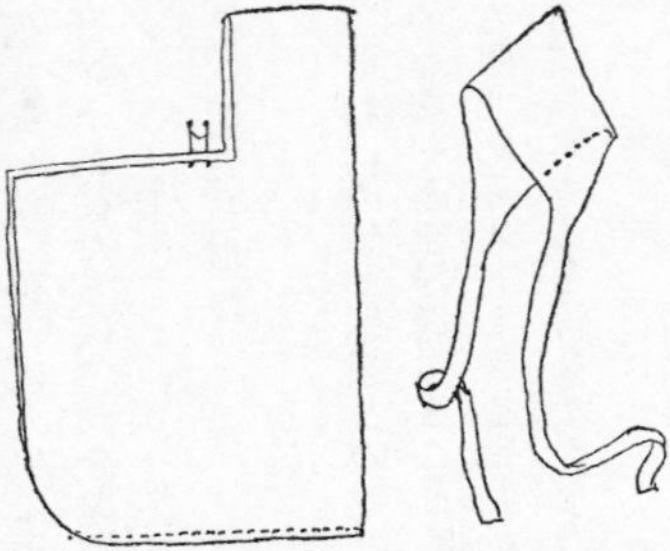

外套と頭巾。中世期の修道僧もこれを着ていた。

「かの女は労働者の娘が着るような黒い羊毛の外套を着ているけれど、ヴィニキウスにはこれ程かの女が美しく見えたことはなかった。彼は胸をわくわくさせながらも、かの女の服装がほとんど奴隷のように質素なのにひきくらべて、その顔はなんという貴族的な気高さを示していることであろうと驚いた。愛ははげしい憧憬や、讃嘆や、廉恥心や、欲望とが一緒になって、炎のようにかれの内部で燃えたった」

恋におちている青年の目は盲目である。かの女の着ているものはすべて美しいと見えたとしても非難することはできまい。そのことによってかれは、貧しきものを讃美する心へとはいっていったこと、つまりキリスト教の本旨とする境地へと誘われたとみなければならない。今日のことでいえば、ちょっとそれとは意味がちがうけれど、働く女性が職場の服をつけておれば美しいと見えるという原理にも似通った節があろう。

もはやそこでは、現実の官能的な享楽を求むる人々の技巧的な仕草や服装の美しさを讃えることが否定されて、技巧とみるべき何ものもなき素朴さのみが美しいものとなる心理がうかがえるのだ。

ヴィニキウスは、単に感動ばかりにとどまってはいなかった。かれの煩悶の道を超えてかれの恋人の魂の光明にひかれていくことによって、神の道へと導かれたのである。そしてかれもまた、何ら躊躇することなく、労働者の外套を身に着けたのである。

「ヴィニキウスは……夕方になると、ガウル外套（恐らくククルス、つまり頭巾のついた外套）を着て、その頭巾で顔を蔽うて、ペテロ（まもなく処刑された使徒ペテロ）の宿へと急いだ」

と書かれているが、これでもう、信仰、キリスト教の信仰と服装との関係についての説明が終わったといっていい。

つけ加えて、信仰の表象となっているといえる場面の二、三をひろってみると、外套を着ると貧民たちのあいだにまじっても目立たないし、またその頭巾は人に顔を見られないために役立つのだ。場末をさまようている哲学者——ギリシャ人——が、

「この近辺の奴隷たちが私を見つけ出さないように、もっと温かい外套や頭巾をつけよう。奴隷たちに見つかると、一足ごとに私を呼びとめて、手を接吻しようとするのがうるさいのでね」とか、また、

「かれは新調の外套を着て、広いガウル帽を被った。それは……もっと明るいところに出てもかれに気がつかないようにという用心からであった」などと書かれている。

また、夜出歩くときに着る「松脂を塗った頭巾」もあったらしい。

人目をさける意味ばかりではない。いな、やはり人目につかないようにするためであったろうが、ネロ皇帝その人が、自分の命令によって起きたローマの火災を見に行く、そのときに、余りな群集のざわめきに怖気がついて、「頭巾のついた黒外套を出してくれ」と側近の人たちに叫んだと書いてある。

ところが同じく外套という言葉でいわれていても、実用本位のそれとは対照的なものもある。

ネロ皇帝のわがままきわまる道楽、罪悪とみなければならない道楽で、人間同志の殺し合

いを闘技場でやらせた。それを恍惚として観覧した後に、急に自作の歌をうたいたくなる。そのときの皇帝の風貌を描いて、「紫色の外套を纏い、黄金の冠を戴いて、花を撒いた技場に皇帝が姿を現わした。かれは琵琶を構えた十二人の合奏者を従えて、……」と描かれている。その外套はいわゆるギリシャ・ローマ的な美の極致を盛った皇帝だけが着られる紫色のトーガなのである。

3　貧しい人々の服装

下層階級者、ローマの街に夥しい数でうようよしていた奴隷たちの表情と日常の服とはどうであったか。

そういう人たちは、今でいえば簡単服だった。コロビウムと称される膝までのチュニック一枚であった。しかも働くときには、その右腕と右肩とを露わにしたのであった。

「×××はどんな女の恋人にもなれる代物ではなかった。その珍々妙々な格好のなかには、どこか悪いものと滑稽なものとが混在している。年はまだ老けてはいないが、汚れた顔と巻髪にはちらほら白髪がまじっている。腹がこけ、背がまがっているために、はじめの一目では佝僂かとまちがわれる。そしてその隆肉の上に猿と狐の混血児のような顔をした、眼のぎょろぎょろと光っている大きな首が載っている。……」「山羊毛製の黒い下着と、穴だらけな同じ外套とを着たみすぼらしさ」とは、この小説に出てくる立役者の一人である不可思議なギリシャ人、哲人といってもいいギリシャ人の風体であるが、そのように汚なくしていることを一種の自慢にしているともうけとれる。かつての高等学校の学生たちが、破帽を誇りとしたのは、こういう伝統だともいえるようだ。

そのような風体のかれは、かれのパトロンにささやく言葉をききとると、「破れ外套を纏っているところは、犬儒派（シニック）でございます。旦那様。しかし貧乏をがまんできる点は禁欲派（ストイック）であり、輴《かご》がないために、酒店から酒店へとてくてく拾い歩きして、路で、酒を一本飲ませると約束する者があれば教えてやる点は逍遥学派（ペリパティック・アリストテリス派）であります」と勝手な気炎を吐くのである。

貧民の居住地をさまよう本来の貧乏人は「腰に羊毛のボロをつけた外何ものをもっていない非人」と書かれている。なお、労働者の通型として「その男は右手と右胸がさらけ出されるように切ったシャツを着ていた。こういうものを着ていると、運動がきわめて自由なので、特に労働者たちのあいだに用いられていた」

なお、ローマは火の海のように燃えさかっていた最中に、「青年（市民である）はトーガをかなぐり捨てて、肉衣一枚となって、宮殿を飛び出した」とあるなども、ローマ人の思想が変わりつつあったことを物語るようだ。

十一、人づくりの哲学

1　試験のない学校

約二十年前の敗戦後まもなくのことだった。早大の理事会の席から呼び出しがきた。議長席についていたのは、当時の総長島田孝一さんである。

用件というのはこうだった。

「戦後の復興で、国としての重要な目標の一つは、貿易振興となるだろうが、それにそなえて、デザインの学校を創らないか、そのための経費なら寄付しよう、という校友がある。とりあえず各種学校として出発することにしたいのだが、そのキャップをひきうけてはくれまいか」

という相談がかけられたのだ

こういう看板ではじめたデザインの学校だった。

った。

名称は『早稲田大学工芸美術研究所付属技術員養成所』として、校舎は現在空いている運動部員の宿泊所をそれに充てたいというのだった。それだけの枠をきめたのだが、そこの教授内容などは白紙だ。「一切君にまかせるから、やってくれないか」「万事おまかせ願えますか」と念を押したが、「もちろんOKだよ、思う存分やってもらいたい」というのだった。

早速、ご郷里新潟で静養されている会津八一さん（早大名誉教授）にその旨を書いて、応援をお願いしたらば、「大賛成」というお返事だった。

そしてこういう校舎だった。この校舎は、創業時代の早大文学部の教室だったが、郊外東伏見のグランドに移されて運動部の宿泊所に使われていたのが、終戦後空いていた。その昔坪内逍遙先生が名調子でシェークスピアを講義したり、島村抱月先生その他、多数の文士を生んだ苗床だったのだ。いうならば、早大の文化財だ。

先生のスタッフは、理工学部、文学部、商学部等のなかからお願いし、それから、デザインの技術の専門家、画家、彫刻家たちをも見当つけた。そしてねばり強いので期待をもてる新井泉を教務主任に、事務主任は渡辺保夫さんという具合にお願いしてそれぞれ承諾を得た。内閣組織の段取りができ上がったので正式に学校からそれぞれ辞令を出してもらうことにしたのである。

2　入学考査は

準備が特急でできたので、学生募集の新聞広告を出した。今ならば、押すな押すななのだろうが、戦後のごたごたがまだ納まらないときだったから、予定の約倍位の応募者であった。入学試験というものはやらないことにした。選考だけでいこう、履歴書と口頭試問だけできめた。どういう選考をやるかは、次のようにきめた。

いろんな大学に試験をうけて、落第した回数の多い者からとることにしよう。一回位大学の試験で落ちたという者などは、まだこの学校で学ぶ資格がない、とつっぱなした。

こういう選考の仕方で、入学させる頭数もそろったのだ。

学部の先生たちや、技術の先生たちには「この学校は試験というものを一切やらない方針にしたのだ、講義や指導はして頂きますけれど、及落の判定は、顔色をみてやって頂きたいのです」

国民教育に責任をもっている文部省となれば、入学考査をやかましくやる。そして入学考査に落ちた青年たちは、青年の屑扱いをして捨ててしまう。国民教育はそういう方法で達成するものと考えていて、何等そのことについての疑問を抱くことをしない。そういう方針の下に、長年私も、理工学部の教員として、落第させた青年たちの悲痛な表情に接して来た者だ。しかし、各種学校という名目ならば、直接文部省の指示をうけなくてもいい。

ずっと以前のこと、大隈さんがまだご健在のとき、早大の理工科付属の夜学に工手学校というのがあった。各種学校の枠のものだったが、教室の椅子のあるかぎり、何千名でも入学させたものだった。私も週数回その夜学に講義に出て、群をなしている青年大衆に、ものを説く経験をしたものだった。いうならば、社会奉仕の経験だ。自前で経営している私立大学の所帯についてもしみじみ感じたのだった。兄貴分の東京タワーの設計者内藤多仲さんとも、「君、苦労はするものよ」といい合ったものだった。

形式主義の人たちからはいやがられ、一流ホテルの玄関番などにはお断わりを食うけれど、講義に行くのにも、街のマーケットに行くのにも、また旅行にもこの姿だ。

しかし、それは今では太い

芽を吹いている。合計万余の、当時の夜学の生徒たちは、時々同窓会を催すが、その席によばれて行くと、堂々たる社会的地位を得ていて、「大学の卒業生ならば何名でも私のところでひきうけますから」などといってくれたりするのである。

相当な年配の私学の先生たちならば、こういう苦労をつんだ経歴者なのだ。こんどのデザインの学校のことをひきうけて、ばっさりとやったのをみて、「あいつ、何をやり出すか。とにかく変わり者だよ」と、早大の教師仲間の注目のまととなったのだ。

アメリカの方針に従って、いよいよ大学も「新制」に切りかえるということになって、勢力をその方に集中することになったので、デザイン学校も三年で、いな入学中の者の始末で計五年で全廃となってしまった。やめてから十四、五年になるが、ぼつぼつとえらい男が出ている。大会社の課長係長、文展の常連、挿絵画家、舞台装置家などなど、とにかく能力の点では一筋縄ではいかない豪の者たちが現われ出したのだ。

文部省も、子弟を持つ親たちも、ママゴトのような試験にあくせくしているが、とっくりと考えて頂きたいものだといいたくなる。

3　思い出

藪《やぶ》から棒にそんな考えが湧いたわけではない。私には私としての経歴があった。少年時代から私は学校というものはきらいであった。教室の机に坐っていても、講義をしている先生の顔をぼんやり見ているだけで、講義そのものは何が何だかわからない。家に帰ればカバンを投げ出して、裏の田圃でメダカや雑魚のおる小川をかきまわしたり、ぼんやり遠くの山の色を見たりで、恐らく役に立つようなことは何にも身につけないで過したのが私の少年時代だった。だから昔の中学へなど入学できる筈がなかった。入学試験には落第した。かろうじて二流以下の中学に通わせてもらったのだが、中学の教室では、いよいよ何が何だかわからないままだった。かろうじて卒業はさせてもらったものの、中以下のびりっけに近い順番だったと記憶している。

それなのに少年の虚栄心で、昔の高等学校というものに入学試験をうけたのだったが、もちろん落第だ。

そのたびに母親は、将来が気になるといって泣いたものだった。その母親の写真を見るたびに今日の私も涙が目にしみてくる。

それで入学試験のある学校ではだめだ。気楽に入学できる学校はないものかと捜したら絵描きの学校なら、絵を一枚描いて、それで入学できるかも知れないと教えてもらったので、そこへ試験をうけた。

幸いにもびりっけの成績だったが入学できることになったのだ。

上野の芸大だが、今日では、語学も数学も、アメリカ張りに入学試験がやかましいから、私などはとうてい入学できる学校ではない。東京美術学校といった時代にはそうでなかったのだ。

愉快な入学式があった。当時の校長は正木直彦さんだ。一同を坐らせて、先生が壇に立って訓辞（?）を述べた。「この学校は、何も教える学校ではない。また勉強せよなどとはいわない。大勢入学した人の中から一人か二人天才的な人が出れば、国としてこの学校を作っている役割りが果たせたことになるのだから……」という主旨の入学式の訓辞だった。それをきいて、私は、「よかった、よかった」と、安心したのである。そして、五年間、温泉へでもつかっているような気持で、じぶんの興味の趣くままにくらすことができたのだった。動物園へ行ったり、博物館に行ったり、足をのばして浅草へ行ったりだったが、とにかく制服を着て、絵具箱を下げたりして通学したのだから、母も安心してくれたようだった。

同窓生には、町田佳声、斉藤佳三が、同じ科で机をならべた組だったが、同期のものには、彫刻の北村西望、斉藤素巖、油絵では片田徳郎、神津港人、日本画では、上山草人などがいたのだった。みんな集まる実習教室では、町田は三味線を抱え、上山はセリフまがいをうなるという具合で、まるで動物の集まりかのような光景が呈されたものだった。しかも隣りの音楽学校からは山田耕筰が顔を出すし、浅草へ行けばサトウハチローがとぐろを巻いているという雰囲気のなかで、解放された人間というものの修業ができたのだった。

そういう経歴の持主であることが、早大での工芸技術者養成所の責任者に立たされたとき、芽をふいたのだといっていいようなのだ。

「そういう君は、よくも五十年近くも無事に学校の教員としてつとまったものだね、何か仕掛けでもあったのかね」と、しばしばきかれたりする。もっともな疑問だ。どうしてかというと答えに困るが、どっか私としての誠実さ（?）とでもいうものがあり、また愛嬌とでもいえるものがあったせいかも知れない。幸いに先輩からも同僚からも、比較的愛される存在として、責務とするところだけはまがりなりにも果たしてこれたようなのだ。しかし、今日のようなせち辛い時代ならば、私のような無器用者は、とうてい、教員としてつとまる筈がないとも述懐せずにおれなくなる。

しかし、つけ加えておきたくなるのは、学生たちとの交友のことだ。学生たちとはいつも仲間としてつき合っていた。講義のときに質問が出て、ちょっと簡単には答えにくい問題だったりするときには、学生を街の喫茶店につれていって、コーヒーを飲みながら、「君はこの頃どんな本を読んでるんだ」などと、疑問の湧く本拠をつきとめて、「それはねえ……」などといい合ったものだった。

何かこつこつ仕事をやっている。「トウサン勉強するんだね」と子供たちがほめてくれたりする。

4　湧き立つ世論

亡くなられた池田首相が健在のとき、「人づくり」という政策をとりあげて、世論に投げかけた、その反響は大きかった。池田さんにすれば、発展していく日本の産業振興のために、優秀な技能者を沢山生み出すような教育を盛んにしようという含みが重点だったようだが、うけとる側としては、非行青少年をどうするか、という話題に注意がそそがれていたときなので、人づくりというテーマがその方に流された感があった。

そのかけ声で、諸官庁が、まっていましたとばかりに、予算分捕りの看板を掲げた。たとえば、総理府は「中央青少年問題協議会」という看板で、非行青少年の原因について協議する。警視庁は、「非行青少年対策懇談会」というのを。文部省は、「幼稚園拡充策」「後期中学教育充実策」「勤労青少年の新しい人間像」「家庭教育の教科書」その他、婦人学級や成人学級で「家庭教育研究集会」などという構えで研究をはじめ、また厚生省は、「中央児童福祉審議会」の中で「家庭対策特別部会」をもうけるという、素人には気が遠くなりそうな看板が、鶴の一声で出揃ったのだ。

人づくりのいっぱんの世論はどうかというと、今日の家庭にみる人間関係の混乱がそもそもの原因ではないかと指摘している。旧から新に移る今日の家庭、特に低所得社会の家庭、新しく建設されなければならない農家の家庭、さらに住宅事情、母親の就労、家庭指導の欠如、などをあげているが、どれをみても、急にはどうともならないような提案ばかりだ。賑々しく看板が上げられ、提案も出たのだが、それらを内容的に分けてみると、経済の問題や社会施設などにかかわることと、そして、国民みずからの立場でやっていかなければならない愛情などの人間関係のこととに分れるようだ。

これらは、一九五九年のニュースからひろえた事項である。

こうして、人づくりの問題は、知能的秀才教育の問題から、知能的底辺の問題の方へ下りて来たのだ。そしてこれらの二つのことは、一つの系列のものとして律せられるものかどうかが問題であろう。知能的頂点のことを高唱すれば、当然、知能的底辺の幅が増大する計算になるからだ。

5　知能的底辺の問題

知能的秀才教育の問題となると、私には発言能力はない。しかし、私の経歴告白をみてもらえばわかるように、知能的底辺の問題となると、私として多少発言してみていいようだ。

地方の婦人会などの講演によばれて、演壇に立って、集まったおかあさんたちの顔を見ながら、

「私は、学校では落第生です。さんざん落第生を体験しました。このとおりの格好で、今でも紳士らしくはなれないのです。じぶんが、えらそうだなどとは思えないからです。気がひ

けるのです。思い出はかなしいのです。そのために、青少年時代にはさんざん母を泣かせました……」とあいさつすると、おかあさんたちもしんみりした表情をしてくれる。（しかし、たまには軽蔑して見かえすような婦人もある。）「私の場合、いつも正直であること、カンニングはしないこと、無理はしないこと。……わが家では、子供たちには、いつもこういっております」などと切り出すのであるが、案外身につまされるようにきいてくれる。

秀才型のぱりっとした紳士が、非行青少年について説ききかせても、実感がともなわないから、空転に終わる。愛情の琴線に触れるわけにいかないからだ。なやみを体験していない説教師の説教は、一片の理屈に終わって、感銘を与える力がない。心情にうったえる芸術的な迫力も出ないし、もちろん魂までしみこませるような宗教的な力もない。心も魂も失敗を重ねてでなければ育たないという原理からは、秀才型の人たちが、よってたかって、努めたとしても、非行青少年に対する心配は、砂地につっこんだ自転車かのようにタイヤが空転するだけではないのか。

困ったことだ、困ったことだと秀才型の紳士たちは、高い所から見下ろして、補導をうける青少年や、犯罪者の年次的増加について心配している。高度に開発された社会では、知能的頂点とその底辺との格差が増大するために、これまで軽微な道徳的患者だった者が、本格的な患者になるという原理を知らないことはあるまいに、また至当な打つ手を探さなければなるまいのに、高い所からのみ考えている感がある。もっと降りてきて、知能的底辺における人々のことを噛みしめてみなくては、といってみたくなる。

6 「一日受刑者」となってみて

いよいよ刑務所入りだ。映画で見るあのガチャンと錠の下りる鉄格子の扉の中へだ。そこには、非行成人の非行何々も、うんざりするほど納め込まれている。

ガチャンと鍵がかかる鉄格子の扉の中に入れられた。志願して入れてもらったとはいえいい気持ではない。矯正局の刑務所職員たちの研修会に講義をしばしばやっていたのだが、こんどは囚人服改革についての現場見学だ。

かねがね私は、法務省の矯正研修所で講義をさせられていた。「生活管理」という講義だったが、全国の刑務所の職員たちの集まりでだ。

けれども、実際に刑務所の中を見たことがなかった。それが偶然のきっかけで、刑務所の中に入れてもらって、そこの現実の状況を見てみなければ埒《らち》があかないことができたのである。

従来の受刑者の服装は、余りにゆううつだから、それを時代に添うようなものに改めたい、というのが法務当局の考えだったのだ。それを私たち同志がやっているユニホームセンターに、法務省の矯正局から依頼してきたのである。

「では、一日受刑者にお願いできましょうか、現実の状況を知りたいので」とお願いして、その許可を得たのだ。

矯正局所管下に、いろいろな矯正所がある。「少年院」「愛光女学校」「補導院」「医療刑務所」それから東洋一の施設だという「府中の刑務所」などであるが、それぞれに収容されている人たちへの改革服の立案を要求されたので、できるだけ見学させてもろうことにしたのである。

今日の法律の知識のある人ならばわかるのであるが、今日では、収容している人々をできるかぎり、再び非行をしないように矯正しようということがモットーとされている。昔のように刑罰を科する所ではなくて、再び刑を犯さないように矯正につとめるという主旨になっている。できるだけ真人間になるように矯《た》め直すことが、管理者たちに負わされているのである。収容されている非行青年、非行婦人、非行成人たちを真人間になるように矯正する仕事を直接つとめているのであるが、そこの雰囲気は、知能的教育に専念している学校とは、まるでちがった厳粛なものがある。

7　囲いの中だけにヒバリが巣を

ずっと昔の話になるが、その当時鬼検事といわれた同郷の友人から相談をうけて、刑務所から出て来たが、職にありつけない人たちに手取り早く職を与えようという目的で、クズ屋を経営しようという仕事に手伝ったことがある。こんど、一日受刑者の経験を与えてもらって、いまさらに、そのときの検事の心についてまともに考えることができたのであった。非行青少年たち、非行成人たちに毎日接して、その人たちにみられる人間味、涙を含んで人生そのものをみているような心情がわかるのである。それはとうてい、学校の教室や教員室におる教員たちにみられるようなものではない。学校と刑務所と、どっちが天国で、どっちが地獄なのか。果たしてどうなのか。とにかくそれらのあいだには雲泥のちがいがある。

受刑者一人一人の性格や性癖をつかまえて、刑務所の管理者たちはかれらに応対している。昔なら、ばっさりと刑罰を科するための監督をしておればよかったのだろうが、今日の矯正というモットーの下では、不良児を何とかして、正常にもどしてやろうという願いで、技術に熱中させてみたり、スポーツをやらせてみたりしている。まるで母親の心そのものが、少年院の管理者たちにはみられるのだ。

八王子の医療刑務所（受刑者たちの病院で多くは長期にわたって治療を要する人たちを収容している所）の構内を所長が案内してくれたとき、所長の述懐がきけたのだったが、「もとはねえ、この辺一帯は春になると、ヒバリが巣を作っていたものでしたが、今では、ここの刑務所の囲いの塀の中だけを求めてヒバリが巣を作っておりますよ」と語ってくれたのであった。不思議にその言葉は詩のようにひびく。刑務所の囲いの外の社会は、今日生きていくための生存競争の場、弱肉強食の場であることを象徴するかのようにひびく言葉だ。そして、生存競争の真っ只中に知能の競技場のかたちで営まれているのが、今日の学校というものだとうけとれるし、また、家庭も、そういう社会の魔力にひかれて営まれているのではないかと思われてくる。そして、思いきり高い空で鳴きたいヒバリが象徴しているのが、この世の青少年たちではないのか。

8　そして刑務所と学校と

先にもいったように、人づくりの掛け声は、もともと通産省あたりでよろこぶような、有能な人材を育成するという意味で、その口火が切られたと思えるのであるが、それがしぜんに非行青少年のことに世論が動いたのだ。そして各官庁が、我田引水式に、それはわが省で、おれの所でという風になったことで、人づくりということの内容は二つに割れてしまった。一つは秀才づくり、別の一つは非行青少年の問題というようにだ。そしてこの二つは、一つの言葉から生み出されたのだったが、全く性質がちがい、水と油のように分離せざるを得ない問題なのだ。

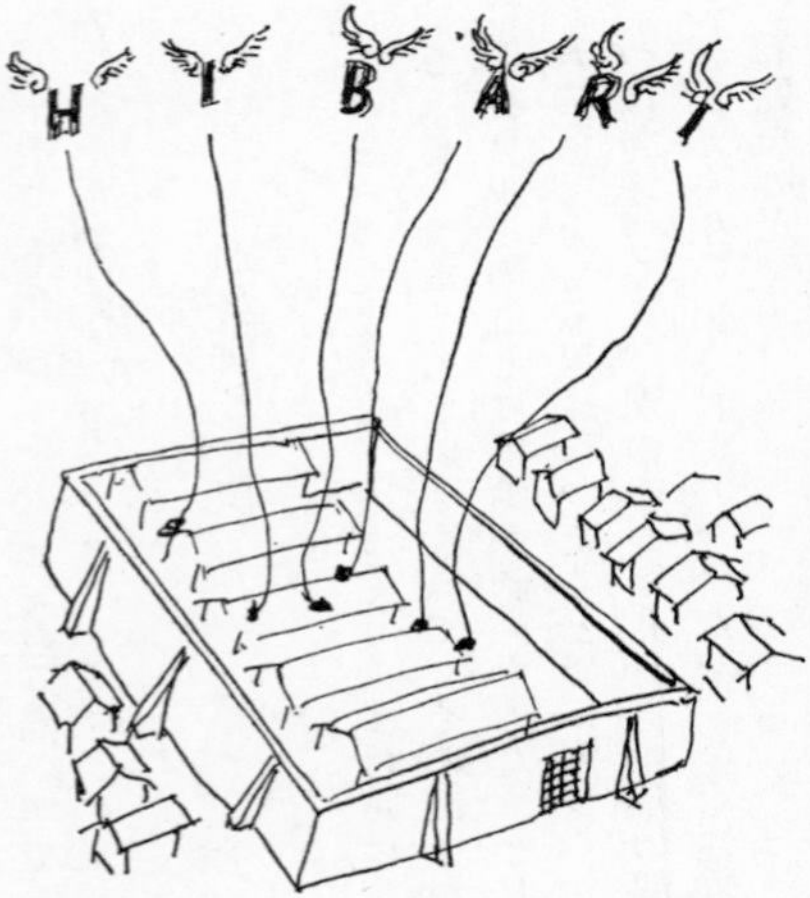

八王子の医療刑務所長曰く「春になると、ここら一面にヒバリが飛び上がったものでしたが、今では、ここの刑務所境内のほかには巣を作らなくなりましたよ。ヒバリが刑務所へ避難する時代になったのですよ」

そしてそれが政治の問題や社会の問題から家庭の問題にまで飛び火して、家庭づくりをこそということが、当面の問題かのようになって来た。事実、家庭においても、秀才づくりと非行青少年をなくする問題とは、矛盾をはらんだまま、同居している感がある。

今日の入学地獄に直面させられている家庭の親たちの理性はこのことにかけては弱い。考えが二元的に分裂して、どうにもならないで苦しんでいるのが実状だ。

こうして、国としても、家庭としても、人づくりの頂点の問題と底辺の問題とを抱きかかえているのが今日の現実なのだ。あたかもそれは、成長経済を高唱しているうちに、しぜんに、物価高というじめじめした問題にめぐりついたようにである。

秀才づくりといえば生存競争と結びつくし、家庭づくりといえばその逆な道が予想されてくる。余程恵まれた例外的な家庭であるなら、万事OKで摩擦なしに進み得ようけれど、いっぽん的には、秀才づくりと家庭づくりとは別な道をたどらなければと考えたい。

法務省の矯正局といえば、非行青少年や非行成人たちをうけとって、教化あるいは教育につとめる所、そして文部省といえば、小、中、高校、大学まで、秀才教育をねらいとする感がある所、というように、今日の行政機構ができているようだが、一方は教育という言葉を使わないで矯正というややこしい言葉を使っている。もともと、教育と矯正とは一本のものと考えていいようなのだが、果たして、教育学と矯正学との概念と内容とはどうなのだろうか。いろいろな理屈があるのだろうが、家庭教育と家庭矯正と書いてならべてみると、そこにはっきりした区別がないと考えてもいいのではないか。

思いたくはないが、もしも、いまよりももっと、世の中に現象している非行青少年についてのなやみが甚だしくなっていくならば、いまの文部省は秀才教育省とでも改名し、そして法務省から分岐して国民矯正省とでもいう部署をおくことも必要だとなってくるのではないか。そうなるならば、現在漠然とした意味に使われている教育という言葉もはっきりし、従って人づくりは文部省にばかりまかしておけないこともはっきりしてくるのではないか。

現に今日の多くの家庭の母親たちは、わが家の子どもたちの進学の心配と、不良化しないようにとの心配との二つを抱えて、なみなみならぬなやみを経験しつつあることが、婦人会の集まりなどに出てみるとわかる。それで、通り一遍の講演をやっている講師たちは敬遠されるし、あるいはまた、きびしい吊るし上げに遭っているという逼迫した状況なのである。

そこで空想が湧いてくる。一時的でもいいから、法務大臣と文部大臣とを交換して、それぞれの場を経験させてみる。もっとやりよい案としては文部省の役人と、法務省の役人との交流をやって、教育というものと矯正というものとの両方を体験させてみる……。そうしてからものをいってもらうのでなくては、といいたくなる。もともと道徳と法律との差別は、社会秩序を保つ上に紙一重のちがいのものなのだろうから。

十二、大衆に直面して

1　被指導者の群れ

ジャンパー姿の先生を気安くうけ入れてくれるのは、インテリではなくて大衆だ。だからそういう集まりに招かれるのは、私にとってうれしい時なのだ。

さる年、東北本線の白岡《しらおか》という駅を降りた町で開催された婦人教室（朝日新聞社主催）に、「一席どうか」というので招かれた。そこの会衆は文字どおりの大衆だった。化粧品、洗濯剤などの会社も参加していて、出席する人たちには袋に入れたおみやげをくばるので集まりがいいらしい。

そして、集まる婦人たちの顔ぶれは、何かの主旨の下に催す何々婦人会の集まりなどとはちがう、いうならば地域的烏合の衆といいたい大衆なのだ。そういう集まりの席で、一席講演をするという作業こそ、最も素朴なかたちの社会教育（?）だと考えてもいいのだろう。

集まっている婦人たちの表情を読んでみると、実にいろいろなくらしをしている人たちの混合だ。パーマの格好にしても、アッパッパ式の洋服にしても、まちまちで全く見事な陳列場だ。こういう場では、きちんと書きたてた原稿を用意して、学校の教室の延長のような話し方をしたのでは落第なのだ。こういう群に対するエチケットは、学校で教えるやり方ではいけないのだ。フランスの宮廷から出たエチケットや、綱吉将軍好みのエチケット、いな作法や、明治の国粋主義時代の折衷式の作法では、聴衆は素直にうけつけてくれない。即現実的に、あれやこれやと直接経験にぶっつけていくような話し方でないと、居眠りも出るし、アクビも出る。ちょっと、昔のえらい坊さんたちが、布教のために、掛小屋式の道場を建てて、そこで説教をしたという場面に

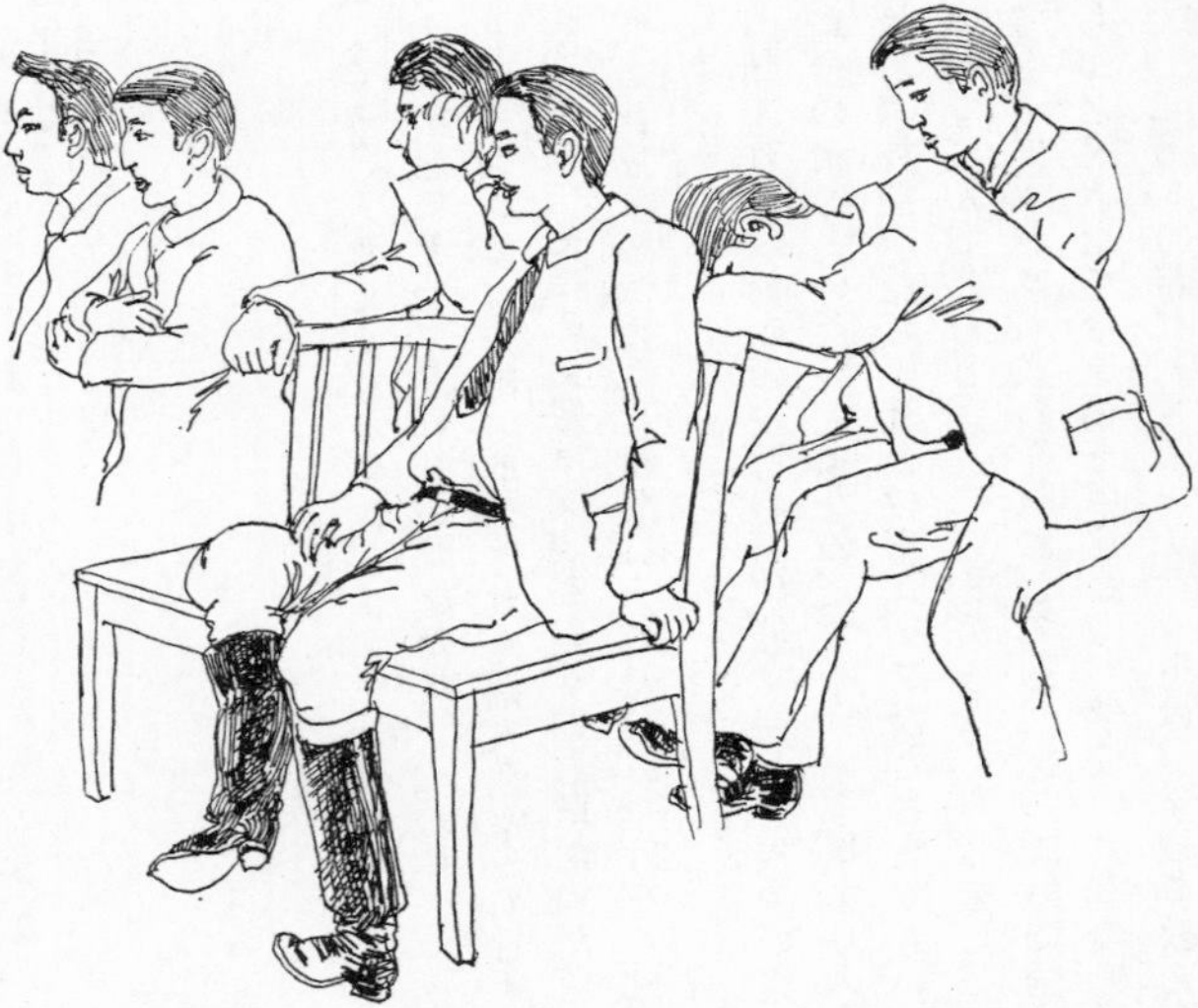

大衆の前で講義し出したのは夜学のクラスで図法の講義をやらされたときだ。昼働いている年齢まちまちな何百人かの雑軍だったのだ。当時私は早大の小使兼助手を勤めていた。大正時代のことである。話にちょっとでも腑におちないことがあると、かれらは遠慮なく質問を投げ、罵声も出るし、笑声も湧く。

あやかる気持でやるのでなければ本来ではないようだ。

私は、そういう雰囲気の講演会場で、しばしば聴衆に吊るし上げられて修行してきたと告白したくなるのだが、そういう雑然たる大衆の集まりが、そのときの会場に展開していたのである。

雑然とした大衆といえば、社会的にはお互いにいろいろ対立関係に立っている人々の群だ。裕福そうなくらしをしているらしい人も、かろうじてくらしをどうにかやっているらしい人も、亭主を朝のラッシュで送り出して、レジャーいっぱいにドブのみみずのようにのびてくらしているサラリーマンの奥さんも、農家や、商家や、また日傭いという稼業をしているらしい奥さんたちも、そして年齢層でいえば、老人も、中年者も、若い人も、そして子供連れもというような入り混じりの群だ。

大都市圏内の郊外の駅近くに、さいきん二、三の工場ができて、在来からの農家や、町家などの家々に混じって、工員や、通勤のサラリーマンが住みついて、まだ間がないという状況の町に、こんどの講演会場があったわけなのだ。

2　その性格はさまざま

大衆という言葉はニュアンスに富んでいる。知識階級者たちとその他の大衆というように、うっかり荒っぽい認識をしたりしているが、服装について考えることをいささかやっている私の目には、何等の疑問をもたないで、世間の慣習を吸いとり紙のように吸いとって、背広服を着て勤めに出たり、ときとしてはモーニングもなどと、あくせくしているサラリーマンのすべてが、その他への頭の動きがどうあろうと、服装生活に関するかぎりでは大衆と呼びたくなる。生活意識を身につけてない生活の模倣者を、すべて生活的には大衆とみたいのだ。頭の中だけはインテリで、生活は大衆的である、オバケのようなのが、多くのサラリーマンだと、くりかえしていいたくなるのである。どうしてそうあるのかということは、今日の家政学は、時の習俗に従属していて、習俗そのものについて哲学していないこと、いうならば、説きほぐすべき問題が山ほどあるのに、懶《なま》けっぱなしでおることが、その一つだ

〽あまり煙突が高いので……さぞやお月さまけむいだろう……の炭鉱節の煙突の下に住む女性たちだ。九州も北海道も巡った。老人たちの顔のしわが、長年ヤマで稼いで来たことを語っているように壇上に立っている私にひびいた。

といえよう。

とんだ失言をしたようだが、今回与えられた会場は、婦人たちだけの集まりの席なのだから、インテリ紳士も、大衆紳士も混入していない。そして、じぶんたちの生きる道に、たち入った疑問を抱いていないといえる、大衆といっていい人たちだから、それだけに、からだにつけたエネルギーはそっくり行動となっていて、場面は頗《すこぶ》る朗らかなのだ。集まりに活気がある。だれも来ている、あの人も来ている、などと首をまわして、出席者たちがお互いに出席しているたれかれを見まわしている。

会場にはいって、紹介される順番をまちながら、こういう会場の光景を見て、側にひかえている司会者の一人にいってみたくなった。

山本スギさんが、健康そのもののような体格の女性たちに、産児調節を説いているのをかの女たちは熱心にききとっている。

「よく集めましたねえ、見事ですよ」と。

そして演壇に立ったのである。

あらためて会衆を見まわしてみた。

たれもかれも、入口でもらったおみやげの袋を抱えて、平穏無事な表情をしている。マルクスがきびしく指摘している経済的階層の対立がある。一種独特な服装と表情とで、上流人だとみせかけている人の坐っている隣りの席には、貧しいくらしの人だと一見してわかる人たちがおる。もちろん中流層の婦人たちもという具合だ。

それから、マックス・ウェーバーがつきつめてくれている職種の対立関係だ。サラリーマンの奥さんたちと、農家や商家、その他の稼業に働いている奥さん、いな、かみさんだが、それらが隣り合って坐っている。月々きまった収入が保証されて、アパートか小住宅かにレジャーぐらしをしているサラリーマンの奥さんたちと、日々さまざまな稼業に、じぶんじしん苦労して収入を得ている、いわゆる中小企業者、いな小企業者とみられる家の人たちといようような混合なのだ。それにまた、年齢関係の対立だ。老人、中年者、若い人たち（この節問題の青少年たちはこの婦人教室には出ていないようだが）、それに幼い赤ちゃんや、学校にいく前の子供たちは、それぞれおかあさんたちの付録かのように、おんぶしたり膝にまといついたりして会場を賑わせている。まるで、構成も色彩も複雑な柄のペルシャ絨氈のような光景なのだ。

「子供さんたちはやかましいのでどうも」とは司会者のあいさつであるけれど、「けっこうですよ」と答えるのでなければ、大衆への場合の本筋ではない。

風俗として見たこれらの情景も見事なものだ。洋服あり和服あり、ねんねこあり、エプロンありで、まるでペルシャ絨氈ではない、現代風俗絵巻、都市へ人口集中時代の都市辺縁地帯の風俗絵巻を広げたような光景だ。そして、それぞれの人の思いも感情も、それぞれめいめいの現実にからみついている状況を示してくれているのである。

こういう席の場合の講師先生は、経済の階層の対立からくる感情、職業からくる対立的な感情、そして年齢の差から必然する感情などを、ていねいに扱わなければならないのだが、そういう点では、文学部の先生たちの仕事が味わわされてくるのである。

また、生活運営というテーマを説くのにも、系統的になどと考えたのではうけつけてはくれない。生活が世相として現われている何か断片的な事項、老人層へなら、慣習のなかにうめいている何かを、若い人たちへなら、リズムを追うて動きつつある何かを、というように織り込むのでなかったら、居眠りやアクビが出る。神様仏様のご信心のことから、このシーズンの流行のシルエットは、などときかせるようでなかったら、こういう席の講師先生の資格はない……、などといいたくなる。たれにも興味あることから、それぞれの立場の人たちの心をとらえて、さて、そして、じっくり釘をうち込むにかかるという心構えでいかなくてはならないのである。

そうして壇上のスピーカーから、一見雑然たる話を呈するわけだが、うっかりすると、質問の時間に、矢も鉄砲も、ピストルも短剣も飛び出してくるのだから、それに対する用意もしていなければならない。
大衆に直面して生活を説く、その辛さと面白さは、こうして経験されていくのである。

3　生活以前の問題をどうするか

同僚の社会政策専攻の友人に、「あなた方は国民生活の現場の現実を知らないで、社会政策の立論ができるのか」と、ちょっとユウモラスな誇張でいってみたくなるときがある。

さいきんの物価高でくらしが困り切っていますとか、住宅を是非何とか早く工面できるようにしてもらいたいとか、家族関係のこま

若い女性もおる。おばあさんもおる。子供もおる。
こういう席で、みんなをひきつけるようにやるのでなければ大衆相手の先生ではない。子どもたちがやかましくて、などといったのでは大衆のレールからはなれてしまう。
学校の中だけの先生と、社会の中にもぐり込んでいる先生とは別々のものだと思わざるを得ない。

ごましたなやみだとか、子供の学校の入学をどうしてくれるんですとか、などなどの、今日の切実な声は、生活の講演会のときにはきっと出る。

まるで、大臣の答弁でもききたいというような気構えで、靴下と何とかの理屈で講師先生に食ってかかる。何とかして切りぬけなければならないのだが、何とも答える術のない質問も出てくるのである。

で、この頃わたくしは、数種の新聞を克明に読み入ることにつとめている。経済報道、各種論説、家庭欄などをつとめてスクラップしたりノートにとったりしている。しかし収入の底辺にさまよってい

終戦まもないときだった。佐渡ヶ島の学校の講堂で、農民大衆に対して、アメリカの家政学の先生が、農家生活改善のことを話した席に、私も加えられた。アメリカの先生のいうことをきいている皆の表情は、珍しいものを見に来たという表情だった。司会の人が「大変意義深いお話がきけて……」と形式的なあいさつをしたけれど、そしてそのことは社会教育というものの実績になるのだろうけれど、もののわからない人たちと、ものわかりのよすぎる人たちの接触は、木に竹をつごうとする仕事としか思えなかった。

る人たちへの答えは、それは自立生活以前の問題、すなわち社会政策の問題なのだから「なんとも……」と正直に答えるほかない。つらいけれど答える言葉を見出せないのだ。農村の第二兼業農家（余分な収入を得ている場合もあるからいちがいにいえないが）の始末なども、私としては宿題としているのだ。

生活改善とは、ある程度の生計費が予想された場合に説き得ることだ。ある程度の収入をつかんでいるにもかかわらず、くらしがなんとしても苦しい、という場合は、それはくらし方の問題だから、なんとか指示を与える可能性がある。そういう場合は、現実のくらしと、既成の習俗だといえる世相と妙なからまりをしている場合が多い。

多くの人は、ひと真似をしなければ生

子供連れの奥さんが大勢の場合には、臨時托児所ができる。托児所といったところでしきりもなにもあるわけでない。会場の一隅に子供たちの遊び場を作るのである。おねえさん格の人が、子供たちを集めて朗らかに遊ばせている。一隅にこのような場面をみながら、講演をやる人間風景は、きまった教育の場では得られない。

活にならないと考えている。これはこう、あれはこうと、どこで教えられるのか、きまったとおりにしなければいけないものと考える風がある。つまり現代の習俗に従うことは生活だという風にだ。一歩退いた立場でそういう人たちの生活をみると、人の真似ごとにきゅうきゅうとしている人たちにみえる。習俗に束縛されたり、新規を求める流行に支配されたりして、じぶんじしんの考えも行動も、まるっきりからっぽな人たちにみえる。

そういう点をついて、生活改善の仕事は進めらるべき筈のものだ。そしてぎりぎりの線以下の収入の人たちの場合は、国の社会政策にまたなければならないという理屈にもなってくる。

4　欲求のコントロール

理屈では大衆は納得しない。この点で、インテリと大衆とのつながりがたち切られるのだ。

「わたくしは家に帰っても背広服というものをもっていないのです。ネクタイもないのです。革の靴もありません。ないない尽くしでやっています。こんな服だから洋服タンスというものも要りません。だからそれだけお金がのこります」

というように、失礼をかんべんしてもらって、私としてのリアルな行動を聴衆にぶっつける。みんながあきれたような顔をして、あらためて、わたくしのジャンパー姿に、ズックの運動靴の足にも注意する。

「生活というもの、生活運営ということは、心身の健康への関心、そしてじぶんとしての社会的役割りの労働、そのために解放されたレジャーをたのしく、レクリエーションとして生かす、というのが基本でしょう。そうして、そういう心構えで、家庭において、職場において、また社会の中で、破綻することがなくやっていくことにあると思うのですが、多くの人々は、外まわりのことにばかりに気を病んでいるから、生活そのものが歪んでくるといえるのです。めいめい生活的欲求は意味のうすいことばかりにひきつけられて、ひっぱられている。じぶんじしんの欲求というものは、じぶんでコントロールすべきものなのに、欲求そのものにじぶんがひっぱられてばかりおる。そういう人たちを目当てに、街のサービス業者たちが、賑やかに栄えている。料亭、衣裳店、婚儀屋、葬儀屋などなどがです」

「だって……」とくるのであるが、そこに講師先生たるものの勉強が、修行が、問題となるわけだ。

生活というものについての哲学が、世相というものについての認識が、生活様式というものの理解が、などなどであるが、そういうことについての解釈を、目の前の聴衆の反響をみながら、小出しに語っていくことが、講師としての道だと考えたいのである。

大衆教育すなわち社会教育といえるかどうかがわからない。けれども、大衆の集まりの現場でものをいう、その技巧は、机の上の操作からは生み出せないことは確かだといえよう。一こま、一こまの反響をキャッチしながら、舵《かじ》をとって進めて行かなくてはならないのだ。

5　上野と浅草

インテリと大衆とはライバルの関係にある。いいかえると、神経的勤労者と、筋肉的労働者や小企業者とでは興味や趣味のもち方がちがうから、お互いが理解をかき、往々感情的に反発し合う傾向がある。

こういいたくなったのは、台東区から、浅草公園を中心とした地域のこれからの開発策、ならびに、上野公園とその付近の開発策はどうあるべきかを調査してみてくれというので、まず、それぞれの現地の散策者たちを観測したときに湧いた考えであった。いうまでもなく、公園や盛り場の個性は、需要者の質によって決定されて、諸施設もなされているが、新しい需要者をよび込むために、かつてなかった施設をどういう風にもうけて、ということこそ、開発ということの本来のねらいであろう。

しかし、ここでは、そういう計画案に触れないで、ただ、インテリと大衆とは、現在の上野と浅草という舞台で、それぞれどういう状況を示しているかを紹介するにとどめておきたい。

ごくおおざっぱないい方になろうけれど、浅草公園付近には、インテリはほとんど見られない。一〇〇％大衆だといっていいようだ。しかも、さいきん、江東地区にめきめきと増加している中小工場に勤めている大衆とみられるなかの青年層は、江東地区の新興盛り場である錦糸町に吸収されているから、浅草本来の大衆族の幅が縮少気味になっているだけに、下町情緒といえる性格がしっくりと示されているようだ。それに、近県や地方から出て来る人たちも参加して前近代的な空気を濃くしている。

さいきん、小工場の職工は工員さんと呼ばれ、店の小僧が店員さんと呼ばれるようになってからは、もはやかれらは、観音様で持っている浅草とは縁遠くなったのだろう。かれらの心も行動も一変して、いわゆる近代的な流れに投ぜられていくらしい。個人主義的近代人の卵である学生諸君などは、すでに浅草とは縁切りしてしまっていることはご承知のとおりだ。

さて上野公園であるが、もともとここは江戸時代の霊地だったのが、明治から大正時代にかけて、いわゆる文化的な性格をもたされて来た。博物館、文化会館、美術展覧会場などがもうけられ、また、かつて博覧会場といえば上野公園が利用されていた。そしてそれらの施設がおのずからインテリ諸氏を吸収しているのである。しかしこの公園にはまた動物園が営まれている。そしてそれが大衆への需要で賑わっている。頗《すこぶ》る賑わっている。大衆といっても、ここへの大衆は子供中心の大衆で、浅草のそれとは、まるっきり質がちがうとみなければならないが。

中央の広場のベンチで、この公園の散策者の流れを見ておると、第一のインテリ群の歩くコースと、大衆のそれとがはっきり別々な動線を描いている。公園に来る人たちは、上野駅の北口から吐き出されてくるが、文化的な施設の方へ流れるインテリ諸氏と、動物園へと向かう大衆とは、まるでそれぞれレールが敷かれているかのように、中央の広場できっかりと分かれてしまうのである。

とにかく質のちがう人々が混合されているのが、現在の上野公園だ。そのために、散策者たちの遊歩気分が一枚のものになっていないことが、残念ながら、上野公園の欠陥だといえる。もともとインテリといえば、選ばれたる感覚人で、大衆といえば直接的生活人だ。この二つのものを混合のままにしておいたのでは、筋の通った近代公園になりがたい。

ちょぴり計画案に触れさせてもらえば、上野公園は、もっぱらインテリに提供する文化中心の公園にして、動物園は多摩川べりの方に、大規模なものとして移す。そして第三のものとみられる科学博物館は、神宮外苑の青年館あたりと組ませて、それぞれの需要者たちに提供したならばと考えたい。子供たちを動物園につれていくことは、子供や親たちのレクリエーションとみてよかろうから、もっと自然に親しめる環境こそふさわしいだろうし、また、動物たちにしても、問題の公害の中では、健康によくないのではないかと思えるからだ。

6　インテリと大衆とは反発する

つい、そっぽを向いて妙なテーマをとり上げてしまったが、インテリと大衆との趣味のちがい、興味のもち方のちがいをいいたかったのだ。

インテリの心と大衆の心とが、直接ぶつかる場面でいえばたとえばこうだ。

ジャンパー姿で都電のステップ近くに立っていると、車掌氏は、じぶんたちの仲間だという表情で、「この頃の景気がねえ……」などと話しかけてきたりする。どうも背広を着ている姿の人たちは、おれたちとはちがう人種だという態度にみえる。このことで示されるように、大衆と大衆とはうちとけた交感があるのであるけれど、大衆はインテリを敬遠し、またインテリは大衆を蔑視（？）して、お互いが、じぶんたちの垣根の中に入れたがらない。

話はやや専門的になるが、こういう原理に気がつき出して、農協で、数年前から、農協の職員のなかから選抜して、生活指導員を養成することにしている。それが、既に全国に千名も配布されて活動しているが、年々増加しているのである。近々農林省の生活改良普及員の数に追いつき、また突破するもののようだ。

これまで、農民大衆の生活指導者とみられる人々は、国民教育という名目の下の学校の家庭科の教員諸氏、それから、戦後、アメリカの指令（？）で、農林省の枠の中で動いている全国で二千人余りの生活改良普及員だ。それらは何等かの貢献をして来たことはたしかだ。しかし、地元の農民としては、足袋の上からかゆいところをかいてもらうような感があったのだろう。それで、農民自身で、農民の生活について指導する人たちを養成しようということになったのらしい。その理由は、いうまでもなく、インテリの風格のあるサラリーマンには農民たちは親しみにくい。親しみがもてなければ適切な指導ができる筈がない。親身になって相談がかけられない。身内のこんがらがったなやみの問題や、借金の工面などのことは、学校の先生や県の役人にはいえることではない。それが、農民たちを見守ってくれる農協の人、じぶんたちの仲間の人へならば、何もかもうちあけて、隠さずに事情をいって、手当をどうしたらいいかを相談できるのである。大衆はやはり大衆同志でなくてはとなるわけである。

じぶんの郷里である農村で、農民を指導し実績をあげている生活指導員たちの仕事を、東京で行なわれる会合で発表する席にも出てみたが、その発表内容は、もちろん学校の先生たちとはちがうし、また農林省の生活改良普及員のそれともちがう。発表の壇上で、功績をみてもらおうという野心は先立たないから、素直にきいておれる。やることは地味である。細かい問題を拾いあげている。しかも、農協の購買部や、信用組合をバックにしているから、有効な品物を、食物でも家庭用品でも直接にすすめられるし、気のつくままに材料を仕入れて、いろいろな改善の手助けもできる。ところによっては、農協おかかえの木工師もおるので仕事が直接的だ。資金の心配も便宜をはかってやれるし、まるで、じぶんの家庭のことのように、仲間である農家の生活を世話するように指導できる立場に立っていることがしみじみとわかるのである。

農村ばかりではない。工場、鉱山の職場にも、今日では労務管理の枠の中で、生活指導員が働いている。生産を向上させるのには、工員たちの家庭生活をもというのが、戦後のモットーとされて来たからだ。こういう職場の労働者家庭でも他所から派遣されてくる指導者には反発する傾向がある。筋肉的労働者たちへの生活指導は、低空飛行式に、できるかぎり、かれらの懐《ふところ》の中にはいり込んで、というのでなければ空念仏におわる。インテリ的な態度も、いわゆる知性的な言葉も反発されるのである。

このことは、かつて、考現学の修行をしたときにしみじみ経験したのだが、生活指導をするときにも、こういう要領でなくては効果が期待できない。

7 生活指導者としてのインテリ

インテリというものの定義はむずかしい。外形からはホワイトカラー族で、また整ったドレス族ということになろうし、また、大学出がインテリの標準ということになるかも知れない。そして行動よりも理屈のなかの合理性を求めている、などだといえよう。それに対して、大衆は行動的で理屈よりもムードによって動いている傾向があるといえそうだ。

新規な生活を行動的にとり入れることは、インテリよりも大衆の方が早いといっていいようだ。インテリは何か行動しようとするときには先ず考える。直接行動的な大衆よりそれだけ遅れることになる。

十九世紀の社会心理学では、流行ということを極力けなして、それは知力の貧困な人々、つまり感染心理におちやすい大衆の行動的なことと直結する低劣な現象だといって、インテリの肩を持つように説いている。しかし、生活用具が急速に発達している今日では、新規な有効なものを生活にとり入れる、そのとり入れ方の早い者は勝ちである。

農村大衆の生活の実状をみると、テレビ一〇〇%、プロパンガス一〇〇%、電洗機七〇%、電冷庫三〇%などという、新しい機具の普遍化の実状を語る報告書をみたりする。

インテリともなれば、古典的なエジプト芸術はどうだとか、ギリシャ芸術はとか、インド芸術はとか、また、岡倉覚三先生この方の天平芸術こそとかいうことに魂を遊ばしているから、近代産業に直接して伸びていく、日常生活の充実ということには手遅れになりがちだ。大衆は、美術や芸術や哲学などの味を知らないが、生活に役立つかどうかということには敏感なのだ。古い型の殻の中にとらわれていた時世の大衆に対してなら、インテリ的指導者は、見るかぎりのものに指導者として立ち得たのであったけれど、今日では、商人の方がインテリよりも強力な指導者だったのかと考えさせられることはしばしばなのである。

それについては笑えない悲劇（?）とみられる例もある。農家のカマドの改善、その改良指導についての話だが、そのことは「家庭科にもの申す」の章でみていただきたい。

作業着にしても、農業構造改革で、農業法人、すなわち農業の協業化している村では、裁縫のための労力を、農作業から得られる賃金とてらし合わせて客観し得るようになった結果、もはや自家裁縫でもあるまいと気がついて、既製服を買う習慣になりつつある。レジャーのときのたのしい手芸としてなら意味があろうが、忙しい忙しいといって作業に追われている主婦は、既製服党にならざるを得ない理である。既製服とは、大規模な縫製工場で、流れ作業で裁断も縫い上げも能率的に進行させられてできる服である。布地も大量に購入するし、工賃も低減されるから、ほとんど布地を買う位の値ででき上がりの服を買えることになるから、だれでもその方を選ぶこととなってくるのである。

しかし、生活を近代的な方向へもっていかせることに、容易でない分野ものこっている。結婚の嫁入り支度をぎょうさんに親が心配してやらなければ、親も恥ずかしいし、娘も恥ずかしいと考えている習慣などは、精神のもち方の問題だから根が深い。そのために、しぜん、農家には娘を嫁にやりたくないという考えも出たりする。都会の月給取りに嫁にやれば、派手な支度は要らないからというのが、農家への嫁のなやみの一つになっているのだ。それで、ある農協の生活指導員は、嫁入り支度の運搬を農協でひきうけることを実行し出した。その荷物の中身が覗かれないように、シートを掛けて運ぶことにした、などのキメ細かい改良の効果をあげているというのである。

こういうキメの細かい、しかし、農家の経済にとって大きな問題は、地元の生活指導員でなくてはできないと思わずにおれない。

生活について、それからそれと研究するのがインテリの役割りであろう。しかし、そういうインテリは、生活の現場で指導するということは、はっきりいうと、できることではないといいたくなる。

十三、家庭科にもの申す

1　門外漢として

わたくしは現在、どんな職場にも定着していない。しかし、数年前までは教員であった。いまは教員時代だったときのことを客観できる立場におって、おもむくままに読書したり、考えたり、また、ふり当てられる経験を味わってみたりしている。生まれつきのんき者だから、学問にも芸術にも特別野心をもっていない。学問らしいものを考えたとしても、芸術らしいものを描いたとしても、余技としてのことだ。少なくもわたくしじしんはそう思っている。

わたくしたちはたれでも、個人として生き、家庭人として生き、また社会人として生きているわけだが、ここではおもに、わたくしが家庭人として生活している経験のなかから、こうあるのでなければとか、こうあったほうが、などと、ひょいひょい考えることを、記憶をたどって記して、あつかましく、家庭科の教職についている方々に呈してみようとするのである。

わたくしはなが年教員をして来たけれど、教授要目などというものがなくて、各自の考えこそ尊重すべきだという雰囲気のなかで勤めてきた。家政学も素人なりに興味をもって勉強したが、本職の方々からみると、一人の門外漢に過ぎまい。非難されれば笑ってお受けするつもりである。

2 倫理と技術と金

倫理と技術と金、この三つのどれが一つ欠けても、願わしい家庭生活は期待できまい。もちろん倫理と金、技術と金とは、切りはなせない関係にあるものとも思えるが、ここで三つをならべておくことにしよう。とにかく一つの家庭にみられる、これらの三つのからみ合いの様態によって、われわれの家庭生活のそれぞれのパターン（型とか様式とかいわれるもの）が決定づけられているといいたい。

まず倫理のちがいから生活のパターンがちがってくることをみると、前にも書いたが、イギリスにおける十六、七世紀に、あの当時のカトリック信者（あるいはイギリスの国教信者）と、清教徒とが、著しく生活倫理がちがっていたので、一つの国の中に対立的な生活パターンのグループができて、互いに反発し合った。それで、ついに、清教徒のあるグループは、本国を去って、新大陸のアメリカで新しい国づくりをはじめることになった。その人たちの精神と生活倫理とが、いまでもアメリカの中堅層の人たちのあいだにしみこんで伝統しているとみられるのである。ヨーロッパの国々の生活と、アメリカの生活とのちがいは、そういう根から発しているといえるのである。

どういう倫理観念で生活を運営しているか、ということをみるためには、倫理観念を形として示すことになる礼儀作法でみることであろう。この点から、今日の状態をあらっぽく分類してみると、儒教系、カトリック系、プロテスタント系と分けられそうだ。今日の日本人、あるいは日本人の生活の指導権をにぎっているみなさん（家庭科教員）は、果たして、どういう系統の倫理観念で、めいめいの仕事に従事しているかが問題だ。いや、倫理のこと、修身のことは、別の先生が教えることになっているから、家庭科には関係がないというかも知れないが、そうだとすると、魂のぬけた、ぬけがらの生活を教えていることになるといえそうだ。しかし、倫理は教えなくても、礼儀作法のことは気にしないわけにいくまい。衣服でも、住居でも、食事でもに礼儀作法がからみついているからだ。もしも、倫理的な批判なしに、それらのことを教えるとすると、現在公認（？）されている風習の型を批判することなしに教えこむことになろう。家政学という名目のもとにである。前進することを知らない足ぶみである。ある老巧な家庭科の教師が、わが家の息子にも嫁さんにも、そっぽを向かれて、年老いて淋しく独居ぐらしをしていて、この頃の若い者は、と罵倒しつづけているなどは、なぐさめる言葉のない悲劇である。

今日の倫理とか修身とかの講義の内容は変わったことであろう。しかし、今日のいっぱんの人々は、儒教から流れている礼儀作法、それにちょっぴりと、カトリック系のエチケットを混ぜ合わせて、というような作法を行なっているとみられる。そのことから、今日の住宅の作りも、服装の整え方も、人に対する動作も表情も、また言葉使いも、おのずから規定されてくる。人と人との社会的折衝のさいの、渚のさざなみのようなものは作法であろうが、ささいな行為をも吟味して、決して信念をまげることをしなかった、イギリスの清教徒たちのことを書いた、フランスのウォルティルが、「かれらは王の前でも帽子をぬがない、神を礼拝するときでなければ……」と書いている。フランスはカトリックの国であったし、いまもそうである。つまりエチケットの国である。そのエチケットを尊重すれば、住宅には客間というものがなければならないし、服装は日常着のほかに礼服、いなエチケット服は何段にもなければならなくなるのである。

日本の儒教では、精神を重んずるけれど、形も加わらなければ、礼にならない、いな礼儀作法にはならない。しかし、カトリックとのちがいは、儒教は、身分に上下の別があるということを前提としていることだ。身分の上下の差別といえば、近代精神と反発することはあきらかなのだが、そういう思想から、人間同志の折衝のさいのことに、細密な規定をさだめている。そしてそういうきまりをいっぱんに守らせるようにしたのは、徳川五代将軍綱吉のときだった。その時代には、女性の心得を規定した『女大学』も書かれたのであった。しかし、『女大学』の方は、余りにひどいというので、民法学者その他によって、破棄されてしまったのだけれど、「小笠原流」と称された作法の規定の方は、元禄の昔のまま生かされている感がある。そのことは、家政学の怠慢ではないのか。家政学者たちに知識もないし、勇気もないからではないか。

そのために、玄関があり、次の間があり、床の間や飾棚のついた座敷のある住宅は、今日もなお正系のものとして認められている。また、キモノには、日常着のほかに、外出着、訪問着、宴会着、式服などというものをタンスに納めておかなくてはという風俗を温存させているのである。まるで、衣料店のPRのために働いているのが家庭科教員諸氏ではないかとの錯覚をおこさせる。そしてそう説くことによって、生活からとり払ってしまわなければならない、卑屈な心、虚栄の心、欺瞞の心をも、間接に育てる役割りをつとめているともいえるのである。

「だって校長先生が……」などとなると、それは職場人の悲劇だ。職場の教育者（?）というものは、学究者にはなりがたいための悲劇だ。

日本の男性たちも、女性たちも、どうしてイエス・マンであり、イエス・レデーであるのか、という外人の観察者のいうことに対して、十分応え得るような分析を把握していなければならないだろうに——。

近代の生活革命は、産業革命があってはじめて決定したと、唯物主義的な考え方の人たちはいう。生活用物件が、産業革命の進行につれて豊かに供給されるようになって、生活の姿を一変させてしまったからだという。そして、物件の豊かさによって、はじめて幸福なる生活となり得るのだから、といえばロジックとしてはまちがいない。けれども、幸福なる生活とは何かというと、物質の豊富さばかりでは成立しないのではないか。幸福ということの認識は物質を積み上げただけではなく、心の問題、倫理の問題を含めないとさびしいものになる。だから、産業革命は、生活の革命を生んだとはいわずに、生活技術の革命を生んだといいかえなければなるまい。

そしてそれ以前に生活革命とみらるべきものはなかったかといえば、ヨーロッパの十五、六世紀の宗教改革をその大きな一つとして指摘したくなる。つまりそれは生活倫理の革命である。そして、倫理の革命と技術の革命とが相まって、本来の意味の生活革命が考えられるのである。

たとえば、清教徒たちは、その住宅を、既成の型を破って、客間のないリビングルーム中心のものを良しとした。今日の技術革命にうながされて、住宅の建て方の経済的技術的合理化の線から、そうあるのが必然とされているのであるが、このことは倫理的革命と技術革命とがぴったり合致した例だとみていい。しかし、倫理的革命の方は技術革命よりも三百年以上も前に実行されていたということを思わなくてはならないし、また、倫理的統制を欠いた豊かな家庭では、リビングルーム中心の住居では満足できなくて、進歩した技術をもてあそんで、けたはずれの住居を建てたりしているのなどをみると、生活技術ばかりに頼る生活というものの虚弱さが思われてくる。

なおまた、倫理的革命と技術革命とが、あからさまに矛盾を生んでいる場合も指摘できるのである。

十九世紀に著しかった繊維産業の革命によって、市場に布地が豊かになり、またシンガー・ミシンも発明されたが、それでいっぱんの生活は豊かにされたかというと、首をかしげたくなる。

衣料が豊かになったがために、布地を沢山消費するようなスタイルの服となり、またミシンを乱用した作り方になり、しかもそれらに加えて、服装エチケットの細分化が現われて、いわゆる十九世紀の世紀末的風俗をうながしたということは、技術革命はわれわれの生活を、幸福にするどころか、かえってかなしいものにおとしこんだとみてもよいようだ。倫理観念の稀薄な人に、金を持たせ、技術を使わせると、つい、ろくなことをしない、とは世間でいう言葉であるが、その言葉にはある真実が含まれているようだ。

その後の電気工業の発展や、今日の化学工業やオートメーション方式の採用などによって、われわれの生活は、大きな恩恵を与えられていることは否定できない。全く家庭生活はそれらで一新させられた感がある。家事労働という主婦の重圧をつぎつぎに軽減させてくれつつある。そして、それらの進歩した家庭用品を家庭にとり入れることを説くことが、今日の家庭科の役目になっているという感がある。業者のPRのパンフレットや、マスコミによって得られる知識の整理が、家庭科の仕事になっている感がある。けれどもこのことについては、次の課題である金の問題とからんで、生活の幸福問題を考えてみなければなるまい。

われわれの欲望を、内面的に調整してくれるものは、われわれ各自のもっている倫理観念であるし、またそれを、外面的に制肘するものは、手ににぎっている金である。無限に欲しいものが生産され流通している。いわゆるわれわれの生活を幸福にしてくれる約束を含んでいる物件のおしよせる波の中に立たされていて、自分としての、またはわが家としての生活のパターンを、具体的に決定づけるものは、われわれの倫理観念と、そして手にしている金であるといえよう。

どんなに魅惑的にみえるものの前でも、猫に小判ではないが、信念からわく感情にとっては価値のうすい場合があり得るし、また欲しいと思っても、金がなくて手に入れられない場合がある。だだっ子の心は成人であるわれわれの心ではない。われわれは不用意に湧くわれわれの欲望について反省し、われわれの生活設計にかからなくてはならないのである。わが家として現実に歩むレールは、それを運営する人の心と、経済事情とを常によりどころとしなければなるまい。それが家政というものだ。そして、生活技術にかかわることが、いくら進歩しても、この原則は変わるべき筈のものではない。いうならば、生活技術から生まれるいろいろな物件は、めいめいの家庭生活を営む上に選びとる材料、家を建てる場合における材料の陳列場におかれた物件のようなものだ。そして現実の家庭個々の運営は、何を選びとるかによって、それぞれちがうものとなることも予想したいのである。

3　慣習の分析と流行の認識

一九二五年のこと、いまからざっと四十年前のことだ。一九二三年の関東大震災の後、東京には既成のおもかげを語るものがほとんどなくなった。その焼野原の上に、文化の芽とでもいえるものが、ぽつぽつと現われ出した。おもしろいぞという好奇心がわたくしをとらえ、それをしらべてみようという気が湧いて、共鳴する友人たちとともに、「調べ」をやったのである。そしてその仕事の集積を〝考現学〟と銘をうった。

浮薄なものだといわれている風俗を記録したのであったが、それを克明に描いたり集計してみたりしたのだ。風俗といえば、生活の浮薄な面のこと、瑣末なこと、娯楽文学の対象とされるようなもの、となっているうらみがあるのであるが、そんな通念にわずらわされずに、ひたむきにやってみたのである。やってみると、それは表面的なものではあるけれど、その底に、つかまえることのできる根があることに気がついた。つまり、咲いている花からその根までたぐることができると思えたのである。うっすらと、そういう自覚が湧いて来たのである。そういう自覚で進めていると、いわゆる物好きでやっている風俗研究とはちがった質のものになると思えてきた。考古学者たちが、しつこく古代の遺物に執着して、古代文化全般を解説しようとしているあの態度に通ずるものがあると思えてきたのだ。古代の遺物に対してやっている方法を、現代の物件に応用して追求するという謀反気から、つい、わたくしたちのやっているそれを〝考現学〟という名で提唱してみたくなったのである。

そういう立場に立つと、現代人と古代人とは兄弟姉妹の関係におかれることとなる。近い将来遺物としてのこるだろう物件のなかで現代人もせっせと生活している。両方とも、時代というおとし穴におっこっている人々にみえる。時代の慣習というもののなかで束縛されつつ生きている人たちにみえる。一面においてまたそれは、後進民族の習俗を客観的に研究している社会人類学者の態度にも通うものがあるということもわかる。どういうきっかけと順序とで、より高いといえる段階に生活を移行していくものかなどということも興味のなかのものとなってくる。現状から将来へ、家政の、あるいは生活の様式が、どう歩むかなどということも、興味をそそることとなってくる。

たとえばこうだ。現代の紳士といわれる諸君は、ワイシャツにネクタイで背広服だ。不安定ながら、定形づけられているそういうきまり、すなわち慣習は、果たしてどこにその源を発しているのかということが課題となるわけだが、わたくしにとっては、それは数十年このかたの課題なのである。現在では、十九世紀後半の世界に覇をなしていたイギリスのビクトリア女皇のお好み、女皇の周辺に湧いていたエチケットにふさわしかった服装かと仮定してみている。もちろんそれは、一八七〇年代のアメリカではじまったといっぱん服装史には書かれているのであるけれど。

で、そういう尺度で、今日の紳士諸君の姿をみてみると、それからそれへと普遍化している慣習の意味が、わたくしなりにとけていく。背広慣習に従順である人たちにとっては、こういう分析はナンセンスでまたタブーなのかも知れないが、習俗科学はそういう感情をはなれてでなければ成り立たない。女性たちの服装習俗は、第一次世界大戦までは、十九世紀のひきつづきで、胴をしめつけて、裾を地にひくスタイルだったが、第一次世界大戦後の生活革命といえる、経済化、合理化、民主化で、古い習俗が打ちくだかれて、短髪、短袴の軽装にかえられた。そこで男性は、十九世紀から伝統したままの習俗で、女性は二十世紀の習俗でというコンビになった。そのことについての解釈や、将来の動きなどについてさぐることが、研究者の態度で、また指導者の態度だと思うのだが、家庭科先生はどうですか、と呼びかけたくなる。

そうあるのが今日の慣習だから、そう教えているといえば、家政学は学問ではないといわなくてはなるまい。疑問も好奇心もない所に学問はないからだ。

これはさいきんきいた話だが、ある生活技術研究所に、スウェーデンの婦人が訪ねて、その衣服研究室に、ミシンが何台もおかれていたのをみて、「日本の家庭では、今日でもミシンを使っているんですか」と、不思議な表情で質問したそうだ。スウェーデン婦人によって、日本の家庭の後進性が指摘された感がある。

婦人の服も、子供の服も、もちろん男性の服も、すべてといっていい位、既製服で済まされているのに、という含みだったのである。そしてもはやミシンは家庭のものではなくなったというのである。

このことで、日本の家庭科の古さも指摘されたことになるようだ。さいきんの家庭科の教科はどうなっているかをわたくしは知らないが、裁縫技術を学ぶことが、家庭科教員の有力な資格の一つとなっているような趨勢《すうせい》でみると、後進国とみられてもしかたがないようだ。先のスウェーデン婦人の言葉をもっと広げて考えれば、衣服生産というものは、もはや社会的な産業に期待すべきもので、家庭の主婦の勤めではなくなったということになろう。わたくしも、量産服の仕事にいささかタッチしているが、まったく、生産行程の近代化にはかなうまい。生活習慣は、産業の発展によって、どしどしと崩されて移行しているということを常識としていただきたい。

住宅も、さいきんまで問題の中心だった台所の配置や配備などは、いまでは業者の研究室で、配置関係も器具そのものも、がっちりと進められているから、一家の主婦が、あれやこれやと考えてという時代は過ぎ去ったとみていいようだ。それについては笑えない話もある。以前の農家のカマドは、きわめて原始的なものだったので、それの改良が生活改善の大きな問題の一つだった。それでその問題ととっくんで、焚《た》きものが効率的に焚けるように研究がすすめられて、その成果をみたのであったが、産業の進展によって、プロパンガスと石油コンロとが、どんな山村へでも、業者たちの手で、くばられるようになったので、みんなその方にとびついてしまった。それで改良指導の目的でやられた、折角のカマドの研究の意味は、逆転して、考古学的なものになってしまったのである。

やがて、住宅そのものも、当然また、量産方式のものに移行してしまう趨勢のものとみないわけにいかない。そこでは、間取りも設備もすべてが決定的なものとされるので、いっぱんが住宅のあれやこれやについて学ぶ必要もうすらいでこよう。

生活技術にかかわる合理化は、このように太い線で改変されつつある。これまでは、それこそ家庭科の仕事かのようであったことが、外側から崩されて来つつあるのである。そして、新しい産業の成果によって、新しい生活様式つまり新しい慣習が築かれていって、在来のものは歴史的なもの、すなわち文化財的意味のものにおとされていく。また、民芸などといわれて愛玩されるものへと転換されていくのである。

けれども、わたくしたちの生活そのものを統率しているといえる観念、生活運営の主体性にかかわることは、なかなか変わらない。観念についての価値評価は、もののそれのように見通しがつかないからだ。たとえば、自由主義国家でも、社会主義国家でも、今日では原子物理学を共通に尊重しているけれど、政治的なイデオロギーにおいては氷炭相容れないような対立を示していることで暗示されているように、また、生活方式にかかわる信念は、保守か革新かというように、色分けされるのを通則とみなければなるまい。宗教上の宗派、民族における慣習、家庭にみる家風、個人としてのものの考え方や好み等の一連でみると、それぞれがどれだけ仲間としての、またはじぶんとしての個性的な感情にこだわっているかを考えてみないわけにいかない。こういう見地からは、「生活とは慣習である」と定義づけたくなる。そして「新しい生活の建設ということは慣習との闘いである」ともいいたくもなるのである。

交際の型や、冠婚葬祭のやり方は、慣習というものに強力に束縛されているのであるが、それらの慣習についての分析は、ほとんどなされていないといっていいのではないか。これこれの場合には「こうすべきもの」「ああすべきもの」と教えているばかりではないか。今日、国粋的なものなどといわれている多くのものは、江戸中期以後に制定されたものなのだろうに、それを国粋主義などと誇張した誤認をしている。それらの多くのものは、水島卜也という人が書いた台本『小笠原流』と偽称する台本によっていることはあきらかなのに、そしてそれが明治の文明開化への反動（リバイバル）とみられる時代に、新しくレールに乗せられたまでのことである。つまり慣習というレールへである。

いや、洋風もとり入れていますよ、といっても、その洋風エチケットの根幹は、ヨーロッパの王権絶対主義の宮廷の中でかもし出されたそれのはずだ。

率直にいえば、葬儀はかなしみを表現する劇、婚儀はよろこびと誓いを祝福する劇にほかなるまい。そして劇である以上、それは芸能科の分野で、できるだけ創作的である方がいい。それを葬儀屋や婚儀屋の手で慣習的なやり方にしなければという法はない筈だ。けれども慣習の魔力は、冠婚葬祭のような、人生の詩情にひたりたい機会に不思議に強力にわたくしたちを圧迫する。慣習との闘いは容易な仕事ではない。

4　地域・職域の問題

家庭科指導ということについて、わたくしの痛感している一つは、指導者たちは、現実にみる生活様相に対して疎遠ではないかということだ。地域別にみた生活のちがい、職域別にみた生活のちがいについて、認識する機会に恵まれていない感があることだ。また大金持の家の生活も、極貧者の生活についてもとつけ加えたくなるのであるが。

そしてよりどころとしているのは、むかしの武家の生活、いなそろばんではじいた現代の生活（それはサラリーマンで代表させられているようだが）、それにアメリカなどの外国のやり方を、適宜に調合して、というところらしい。それで家政学といっているのだから荒っぽすぎる。しかも、学校の家庭科の教員諸氏は、国民の家庭生活の本命ともみられる農村でも工場地でも、学校のある所どこでもで活躍（？）しているのだから、首をかしげたくなる。

新しい憲法ができてから、農民たちの生活の現状をみるにみかねて、農林省が、生活改善課をもうけた。そこに所属する生活改良普及員は、今日では、全国に約二千人ばらまかれているが、その人たちの手で農家の生活改善の指導に当たらせている。このことからも、それまで農村の学校の家庭科の先生たちは何を教えていたのだろうと疑いたくなる。食糧生産にたずさわっている農家生活の実状とは遊離した何かを、家庭科の名目で教えていたのではないのか。農家の子供たちは、学校で栄養のことを習ってくる。けれどもそれは、現実の食生活とは関係のないこととして習っていたらしい。家に帰って先生から習ったことを母親にいっても、「むかしから農家の食事というものはこうなのだから」と耳をかたむけない。子供たちにしてみれば、〝忠ならんと欲すれば孝ならず〟という板ばさみの状態で、学校は学校、家庭は家庭という可憐な二重順応の心を経験させられていたらしい。先生は先生なりの象牙の塔の中の家政学者なのだろうが、少くも教育者とか指導者とかいうものではなかったし、また現在でもそうではないようだ。そして同じ地域に散布されている農林省の生活改良普及員たちは、農家を巡回し、農民たちにグループをつくらせ、身近に、食物のこと、衣類のこと、住居のこと、家族関係や経済のことというように、相談にのりながら実地指導をやっているのである。

けれども、農家の人々としてみれば、お上《かみ》の月給取りである生活改良普及員では、どこか親しみにくいというので、さらに、農家の人たちでつくっている農協のなかに、生活指導員をおくことにして、仲間の一人として、いっそう親しみやすい制度にして、という計画をたてて、その実行にはいっている。まだそれは緒についたばかりであるが、そういう人の養成をはじめているのである。

やがてその人たちは、気楽に農家にはいりこんで、農協の購買部を通じて買物の世話、住宅改善の資金の世話、などまでやって、健康で朗らかな近代農村生活を作っていこうという構えなのであるが、それが実行にうつされつつある。そうなると、農村の学校の家庭科の先生はいよいよ雲の上だ。

また、戦時中から、大工場の労務管理の一翼として、企業体の手で、生活指導がなされてきた。工員たちの家庭生活まで指導の手を伸ばして、生産作業を、そうすることによって、優秀なものにしようというねらいなのである。

こうみてくると、現在の学校の家庭科は、どういう目標でなされているのかと質問してみたくなる。あるいは、都会地の神経労働者であるサラリーマンなどの家庭だけのためのものなのかと疑いたくなる。とにかく現状では、国民大衆といわれている筋肉労働者の家庭とは、相当無縁のものだと客観してもいいのではないかといいたくなる。

職域といえば、むかしは身分で規定づけられていて、生活の姿もそれぞれちがうのがあたりまえとされた。それで、武士という身分者の生活、農民の生活、町人の生活などというように、それぞれが幕府の生活政策とみられる枠の中のものだった。そして明治このかた、家庭科の課程に組まれた指導の方式は、主として武家の家庭生活にみられたところを採用したといえるようだ。それは、そのほかの身分者の生活には、明確なきまりがなかったからで、また、生産的な労働をしている人々は、何といっても一段下の階層者とみられたからでもあった。かろうじて食べるだけの生活だったとか、宵越しの金はもたない、などというのでは、家政学が成立するはずがなかったからだろう。

今日、むかしの武士に相当する立場の人々は、背広を着て勤めに出るサラリーマンであろう。サラリーマンの家庭の指導としては、今日の家庭科でもいいのかも知れない。衣食住、家計、エチケットなどを、一応きめてかかっても、たいして的をはずれることがないだろうからだ。学校の先生たちもサラリーマン形式の生活を営んでいる人々である点からも、その主体性との間に矛盾はない。

しかし、他の職域つまり筋肉労働者たちに、サラリーマン式の家庭生活をしいるということは、かれらの次の日の労働力に関係しないだろうか。神経労働の場合と、筋肉労働の場合とでは疲労の形式がちがい、それを回復する手段であるレクリエーションのあり方もちがわなければならない。当然そこで、家計の立て方も、衣食住のあり方も、また家族関係のあり方もちがうのでなくてはならなくなろう。エチケットもまた、サラリーマン、農民、工鉱員では、風俗圏の相違とでもいうように、対比的になるのがあたりまえのようだ。つまり、仲間同志のあいだでも、外来者、他所者との交渉の場合でも、対者への感じ方がそれぞれちがうからである。

このごろ問題の炭鉱の鉱員の場合などは、たとえばこうだ。鉱員の生活調査に行った場合、サラリーマン同志で通念となっているエチケットでぶつかったとすると、主人公も妻君もだまりこんだ貝になってしまう。かれらにはかれら特有のエチケットとみられるものがある。まず背広服でカバンを下げたりしたのでは落第だ。セーターなりジャンパーでなければ、つきあってもらえないし、また、切り口上でものをいったりしたのでは、うそが聞けるばかりだ。そういうことにかけては、想像以上にかれらは敏感なのだ。

一人のがっちりした主人公をつかまえて、「あんたが奥さんと仲がいいかどうか聞きたくてきたのですけれど教えて下さいよ」と、ぶっつけに当たってみる。「仲がいいですとも」と答える。「どうして仲がいいか、そのコツを教えてくれませんか」と、考えるひまを与えないでやってみる。「そりゃあねえ、おりゃあ八時間まっくらがりの穴の中で、黒いものとにらめっこだ。時間が来て穴から出てくる。会社の風呂をあびて、着がえをして、わが家へ帰ると、そこに人間様である妻君がおりますよ。有難いですよ。拝みたくなりますよ。おりゃあ、穴の中にはいっている間、妻君が少し位浮気したとしても、帰ったときにサービスしてくれると、有難いと思っているよ」と、こうだ。印刷したりした紙をもったアンケート氏などの調査では、とうていこういう実態はつかめない。そして、ここまで下りた低空飛行をやるのでなければ、くらし方の指導もできるはずのものではないことも想像していただけよう。

ここでは、食物費は最重点だろうが、またちょっぴりと、妻君のオシャレ費を見計らわなくてはならないなどと、常識的な合理化以上の提案が必要となってくるのである。どうですか、サラリーマン家政学の立場からは。

こういう家庭の家族関係や家事技術や家計などについて、どのような指導をしていったらいいのかということは、サラリーマンである教師の頭だけで考えた原理や手法では追いつかないということを、反省してもらわなくてはならない。鉱員という筋肉労働者の労働意欲と労働能力とを育てる日常の生活の計画は、きれいごとの家政学ではどうも不適切のようだ。

それからまた、別の問題になるが、こういう人たちへのこの節のベースアップもけっこうだが、こういう人たちの生活が、この人たちのものとしていっそう充実するような研究と指導とを伴わないならば、ただ浪費をそれだけ多くするばかりだということも、現地の状況でキャッチできるということである。もちろん企業体としては、そのことを十分考えてやっているようであるけれど。

では、あなた方を含むサラリーマンの家庭生活はどうか。いうまでもなく、農民や工員たちとちがって、デスクでやる事務作業（あなた方の場合には教室で生徒に対する作業）である。知的とか神経的労働とかいわれる労働である。それで疲労回復は家庭に期待されているという循環だが。

そういってしまえば単純だが、通勤のラッシュの疲労、職場での上役下役の人間関係で神経を使って、さてわが家に帰ったときに、満足のできるような家庭の雰囲気を作ることが家政学の本命だと思えるのである。今日の家政学は、どっちかというと、物的な生活技術や、形式的なお金の計算などにあくせくして、文学的な芸術的な雰囲気がうすいのではないかと、忖度《そんたく》したくなる。これは外側からの推測で申しわけないが、あのビル街の近くに、賑わっている喫茶店、バー、食べものや、もう少しすごいのではキャバレーなどが、網を張るように賑わっている状況をみると、仕事を終えて、まっすぐにわが家へ帰っても、鬱積《うっせき》した気分がなおせない。わが家の妻君ではどうも、という紳士諸君がうようよしている感があるのを、家政学ではどうみることになるのか。それは社会学の問題でしょう、などと逃げるかも知れないが、こういう街の情景からは、家庭生活そのもののリズムは単調だ、いやそこにはリズムがない、だからレクリエーションは街で、ということを語っているようなのだが、果たしてどうであろうか。現在の奥様学である家政学の反省があっていいのではないか。

職域・地域という観点からは、家政学という名目を広げて、国民生活学あるいは国民生活設計学とでもしたならばという考えを、わたくしは抱いていることを告白したい。そうすることによって、いろいろな地域や職域に営まれているめいめいの家庭生活を客観できて、お互いに素直に、めいめいの家庭について考えることができるような気がするからだ。

5　家庭と家庭の外との関連

わたくしたちの生活は、職域や地域によって、それぞれちがうということはすでに書いた。ここでは、別の面から生活を区分して考えたことを書いてみる。どのような場合でも、生活には、家庭生活と、職場生活と、そしてそれら以外の場での生活とがある、という着眼で書いてみる。そしてそれらの関連がどうあるべきかについて考えてみたい。

かつて、わたくしたちが考現学に夢中だったときに、その当時の銀座通り、といえば、東京における派手な装いの散歩者たちが見られる唯一の盛り場だったが、その銀座通りをブラブラ歩いている、これはというモダンガール（その当時流行の言葉）に目をつけて、そのあとをつけてみた。果たして彼女はどのような住まいに住んでいるお嬢さんなのかを、たしかめてみたかったのだ。つまり、この頃の推理小説に出てくる追跡をやってみたのである。おしゃれをして街をブラブラしている若い女性と家庭との関連をみてみたかったのだ。その結果、いろいろな場合が出たが、その一つに、場末の雰囲気の路地裏の、ガタピシした格子戸をあけて「タダイマー」といって、貧しい家庭にはいったという例がある。

それは大正時代の思い出であるが、笑えない笑いごとだ。おそらく彼女は、家庭におったのでは、正常な生活気分が求められないから、それを、おしゃれをして賑やかな街に出て、生活気分のバランスを求めていたのだろう。四十年前のこのことは、今日のことにはぴったりあてはまらないだろうが、いろいろ考えさせられる問題を含んでいるとはいえそうだ。

とんだ余談だったが、家庭ばかりに、わたくしたちの生活をしばりつけているわけにいくものではないということへの暗示を与えてくれるようだ。

もちろん、家庭は子供たちの養育の場であるということは動かし得まい。しかし、現代社会の趨勢は、家庭に期待していたこれまでの重みをうすくするような方向へ向かっていると はいえそうだ。つまり、家庭生活には家族たちをそこにしばりつけておく限界がある。生活全般の上では、家庭は生活の本拠だとはいえるけれど、家庭外での生活との密接な関連を考えなくては、ひずみのある家庭生活になるということはいえそうだ。うっかりして、大上段の構えで、家庭こそ生活の場である、というように考える傾向があったりすることへの提言であるが。もしもそういう誤認のもとで説く家政学があるとしたなら、考え直さなければとつけ加えておきたい。

家庭というものの定義をわたくしはこう考えている。家族とそして住居との関連で成立するものだと考えている。家族たちが、親愛感をもち合って、寝食をともにし、団欒《だんらん》する場が家庭だと考えてみている。

ところが、衣と食との今日の状況は、マズマズだが、住居の問題は、社会的に考えた場合、不備そのものだ。実にちぐはぐだ。一室の間借りの中に、数人の家族が、箱詰めされて、押しこまれたりしている。こういう状況をも含めて、家政学を説こうとすると、不遇な人々にとっては、猫に小判式の家政学になる。家政学というからには、かくあるべしという住居の姿を仮想して説かなければなるまいが、うっかりそういう家政学をきかされたのでは、生徒たちは、非行うんぬんへと走るような感情をそそられるおそれがないとも限らない。

今日の住居不調時代の家政学は、この点ですこぶるむずかしい。そのことは、もともと社会政策上の問題、政治の問題で、家政学の問題ではないと逃げてしまうより仕方があるまいけれど、しかし、家政学を説く教室の中に、果たして何％の生徒が、そういう住居不備からくる欲求不満の状態にあるのかを、見通してかかるようでなくては、親身な教育とはいえまい。教育技術の問題にかかわることだが。

で、今日、社会的に建設がすすめられている住居は、どういう建て方にされているかをみると、一言でいえばアパート式であろう。あるいは団地アパート式といった方が適切であるかも知れない。宅地の経済という問題と、工費の節約とで、社会的な意味の住居の場合は当然そうならざるを得まい。そして、そこで結果するものは、坪数の縮少であり、うながされるものは、あたうかぎりの機械化であろう。それで、家庭生活は、そういう条件の環境のなかで築かれていくわけだ。

そこで、生活面に結果されるものは、家庭の管理者である主婦のレジャー化だ。レジャーの量の増加だ。勤めに出る男性の側からはどうかというと、現実の状況では、都会地では、機械的合理化のラッシュのなやみ、そして職場の合理化で、感情の抑制に慣らされたまま、機械的合理化のマイホームに帰ることになる。職場と同質のわが家に帰ることになる。それで、日時の経過で、そうあることに慣らされていく。つまり、主婦にとっても、夫にとっても、これまでとは異質の生活に移されてゆきつつあるわけだ。そこで、キモノとか室内装飾とかの感覚の好悪には敏感になっていくだろうが、人間としてのかんじんな行為を決定する感情生活が、ぼけてくる傾向にあるとみないわけにいくまい。そうあることが近代生活だとも説かれたりしているが、それには、わたくしとしては疑問を抱いている。

現象だけをみてみると、たとえば、アパート住人たちへのあるアンケートによると、いつまでも現在のアパートに住みついていたいという人はわずかに五%で、大部分の人たちは、庭のあるいわゆる郊外住宅に住みたいと希望している結果が出ている。箱の中で強制される感覚の圏外に出て、思いのままにちがった環境や、自然に親しみたいという欲求からである。

今日それはどういう現われ方をみせているかといえば、主婦は、じぶんの住まいのドアに鍵をかけて、街に出る。デパートへも喫茶店へも行く。それは、自家で壁とのにらめっこをつづけていたのではかなわないからである。そして、ウィークエンドともなれば、家族づれで、郊外へ、遠出の観光地へと行ってみたくなる。そういう家庭外の生活を求めなくてはおれなくなる現象が濃厚になっているとみていいようだ。すなわち、団地アパートが増えれば増える程、観光地が繁栄するという原理が成立つといえるようにである。

わたくしなどは、その点でいささか恵まれている。郊外で、別荘兼住まいという構えでくらしているからだ。世間的なつきあいで、温泉地などへ旅行にいっても、宿の庭が、自家の庭よりもちぐはぐだったりすると、長居は無用になる。しかも、いくら立派な庭でも、ただながめているだけでは、レクリエーションとしての意味がうすい。じぶんの手で植えかえたり鋏を入れたりできる可能性がなければ、しっくりしたレクリエーションにはならない。

ここで、突拍子もない提案をしてみたくなる。家庭経営学と職場経営学とは仮りに成立しているとして、それらに加えて、第三の余暇学あるいは余暇経営学、つまりレジャー・マネージメントという命題の研究が必要とされてきたのではないかということだ。余暇といえば時間の関係になるが、それを内容的にいえば、レクリエーションである。レクリエーションの研究が、前に述べた慣習研究と相まって、生活というものを学問的に追求していく上の一つの確実な途ではないかと思っているのである。有志の人たちと、レクリエーション研究会をやってみたことがあるが、その方法論を見出すのがなかなかなので、腰が折れたままになっているのであるが。

レジャー生活にこそ、各人の個性のままがゆるされる。それは機械のなかや合理化の生活とはまるで反対な性格のものだ。そして、純消費の形で営まれるのが原則だが、しかし、その人としての労働への意力と能力すなわち生産エネルギーは、それによって育てられると考えられるのだ。そういう意味で、レジャーの全生活面への配分の問題、職種別による、また個人の傾向別による、レジャー生活の質の問題、等々が究められなければと考えている。
レジャーの問題が、いよいよ重要視されなければということは、たとえば、これまで、家事の四大作業といわれている、炊事、裁縫、洗濯、掃除は、以前にはいずれも非機械的作業だったために骨が折れたのだったが、それだけに、それぞれの作業行為に感情的なからまりがあったので、作業行為のうちにレクリエーション的な要素が、稀薄ではあるけれど含まれていたとみられるのである。しかし、それらが、急スピードで、機械化あるいはインスタント化されているために、レジャーはまるまるレジャーとして主婦の懐《ふところ》にころげ込んだ感がある。

では、農漁業者の場合はどうかというと、かれらは、いつも新鮮な自然である、耕地や牧場や海の上で作業をしている。いうならば、都会人がレジャーを求めてひきつけられている場面を仕事場としている。そして今日では、農作業の機械化が進行している。また、テレビその他のマスコミも容易にかれらの生活にとり入れられている。こうあることで、都会の住人とくらべると、かれらの生活は、心身ともに、その栄養は満点に近いわけだ。

けれどもかれらは、なまなましい都会的な雰囲気を求めて、年何回か、バス旅行を企てて、一層かれらの心の栄養をみたしているのである。さいきんは、買い切りの飛行機旅行をやっていますよ、という積極的なレジャーの求め方をしている場合もみられるのである。こうなると、レジャーとは、日常の環境とは反対の感触を与えるものに執着するロマンチックな欲求からのものか、と考えさせられる。

こういう趨勢をキャッチして、わたくしはこの頃、「あなたの息子さんが結婚して、新家庭を営むときには、これまでのような無駄な支度や宴会などを一切やめて、そういう費用で、この頃のこぢんまりしたプレハブ住宅を屋敷の隅に建ててやることですよ」と、うながしたくなっているのである。

6　その要点

ずいぶん乱雑に書き流したようだ。いいたかったことがいっぱいあるからだろう。じぶんとしては、わが家の家庭生活は、日々創作のつもりでやっている。だから、世間のきまりきったような生活ぶりをみると、何から何まで小言をいいたくなる。で、暴言はごかんべん願いたい。

かんじんなことで、書きのこした事項も多い。たとえば家庭における家族関係のこともだが、それについて、わたくしは、さいきん、思いきって書いてみたのを『家庭科学』誌（第四十一集）に「人作りと家庭作り」という題で載せてもらっている。いうまでもなく、このごろの非行青少年についてのわたくしの考えの一片である。それから、

コンニャクの生玉を産地の農家からもらって来て、この夏の観葉植物にしている。

同誌の第四十三集に「生活指導者としてのインテリ」というのを書いて、家庭科を側面から批判してみた。

はじめに書いたように、わたくしは、どこからも首にならない立場におる。それだけ読者に対して、ずいぶん礼を失したことを書いたろうことをかさねておゆるし願わなければならない。

ではこれで。

十四、服装への発言

ショーかドラマか

「おしゃれというものは美しいものか醜いものか」といえば、たれでも、もちろん美しい、というであろうが、その底を洗ってみるといろいろ議論が湧くだろう。

それは美しい心から出ることもあれば醜い心から出ることもあるからだ。どっちにしてもその人の心を語ってくれているものだから、おしゃれということだけで美しいとも醜いともいえなくなる。

しかし、心の問題つまり倫理などを問題としないで、かぎられた意味の美の問題、遊びの問題としてなら、感覚だけのことになるから、おしゃれは美しいよといってもいいのだろう。

もっぱら感覚的に美をみてもらおうとしているショーと、現実の人間の世界を探ろうとしているドラマとのあいだに対立が出てくる。亡くなった斉藤佳三とこのことでしばしば議論したものだった。彼はショーの舞台で見るような衣裳をこそ現実生活のなかのものとするのでなければとの主張をまげなかったが、小山内薫さんの『ドン底』の舞台などを手伝っていた私は、現実の生活というものはドラマである、だから服装もドラマのなかのものとして見るべきだ、そのなかにはいわゆる美しいと見るべきものを探せないかも知れないが、という対立だったのだ。

ショーの世界を現実に移して、となるとおしゃれこそ無条件にゆるさなければならないものとなるのだが、服装はドラマのなかのものだという考えからは、おしゃれというものを単純にはゆるせなくなる。登場の役者が全部おしゃれ姿で舞台に現われたのでは、ショーにはなるがドラマにはならないからだ。

ながが年私は「建築美学」という講義をうけもってきたが、いつかしらその内容は「建築哲学」という内容のものになってしまっていた。もしも私が、「服装美学」という講義でも押しつけられたとすると、やはり「服装哲学」になってしまいそうだ。

この世を天国としようというような空想には首をかしげたくなる。

造形美と服装美

「美しい装いをすると、胸を張ってどこかの会合にでも出てみたくなる。銀座あたりを散歩したくなる。新調の新しい装いをして、ドアをしめ切った室の中に閉じこもっていたのでは、おしゃれをしたかいがない。おしゃれをしたいということは、人間の本能だといわれているけれど、それはだれかに見られたいという社会関係からのものだ。おしゃれ本能が人一倍強いといいわれる人ほど、たれも見ていない所では、見ておれないような格好をしているのが通則かのようだ。結局、おしゃれ本能とは社会関係とは切りはなせないものよ」

とは、どっかの小説の中の人物が語る話のようだが、たれに見せるか、たれに見られるか、という場合に、はじめて服装美の問題に触れてくる。場合によっては、それはきわめて切実な問題となる。お見合いの場合などはたしかにそうだ。そこではお互い同志が、全くじぶんの個性も何もかもを空虚にして、装いの造形を見せ合う場となりがちだ。相手の人をひきつけるための美しい道具だて、お化粧も服装もいわばその場のための武装なのだ。

服装の美は、肢体の欠陥をかくすのがねらいであると説かれているが、単に天然的造形である顔や肢体の欠陥だけではなくて、知性、感情のようなその人の人格を形成する要素や、また経済上の劣弱さまでをもカムフラージュするための武器にも供されていると思われることがしばしばだ。

だから、美しい服装造形というものを無条件に讃美するわけにいかなくなるのである。美に甘えることとは、それだけとしてはたのしいことであるけれど、その美しい姿を成立させている諸多の条件について思うてみないと、肯定していい美しさなのか、否定せずにおれないものなのかはきめられない。

かつて私は、某百貨店の老練な外商部長から、「頭から足の先まで、難のうち所のないような装いをしている人には警戒してかからないと危いですよ。女性でも男性でも……」という述懐をきいたことがある。

お人形としてなら造形美満点でなければなるまいが、人間のからだを包んでいる服装美の場合は、複雑な思いで接しなければとなるわけだ。借金の不義理を重ねても、反省する能力がなく、ただただおしゃれを身上とした、かのマリー・アントアネットの悲劇も思われてくる。

造形美学といえば抽象の世界のことになるが、それがすなわち服装美学であると考えたのでは、人間の現実の問題が飛ばされてしまって、この世の人をみなお人形と見立てたことになってしまいそうだ。

服装行為

「くらし」といえば、その日その日をどうにかやっていること、「生活」といえば、やや積極的に計画的に、一月なり一年なり一生なりを営んでいることだが、「行為」といえば、断片的にその場その場に即して行なっているそれだといえるようだ。

「無駄な金を費うことは厭なのである。しかし△△はときどき自分の月給も考えず、靴とかマフラーとか服飾に関する方面にとんでもない金を使うが、これは彼においては無駄遣いのうちにははいらない。自分の気に入った上等のものを身につけることで絶えず精神に何ものかを享受している。投入したもとでだけちゃんと取り返している積りである」とは小説（井上靖『ある落日』）の一節であるが、こういう服装行為にはいっぱんにいわれている無駄とか贅沢とかいう概念が通用しないといえよう。

「△△は平生身だしなみのいい方だったが、仕事がはじまると、人間が変わったように、かしゃれっ気がなくなってしまう。○子（他の男性と恋におちこんでいる）に愛情をうちあけた翌日から、とたんにしゃれっ気がなくなってしまった。もう○子と会うこともあるまいと考えてから、靴を磨こうという気持もなくなってしまっていた。まるで、○子という一人の女性のために、身だしなみをよくしてきたようなもので、自分ながら変だった。（ところが偶然のことから○子に面会してみようという気になった。）自分ながら変だった。△△はせめて靴だけでも磨こうかと思ったが、やがて腹をきめて、そのまま正面のエレベーターへ歩いて行った」

一人の青年の感情のもつれが服装行為に示されている場景である。

おしゃれといえば、いっぱんにこの社会を舞台にしたショーとの関連で考えられていると思えるが、これらの記述からは、人生のドラマの舞台の服装を暗示しているといえるようだ。

男性たちの服装

日本の男子たちはおしゃれを知らないとあるフランスの専門家が指摘してくれた。そしてその解説をこういっている。

日本の紳士たちは、儀礼と社交、社交とたのしみについての、それぞれの認識にルーズなことから、服装生活本来のたのしみをも社交性をもわすれてしまって、もっぱら儀礼的な装いで身をかためなければならないものときめている気配がある。だから社交は形式化し、たのしみは萎縮化して素直に伸びてこない。住居でいえば、玄関や床の間付きの座敷ばかりに注意をもっぱらとしていて、居間も茶の間もわすれている感じだ。気楽な充実した社会的、家庭的、個人的なくらしをわすれて、儀礼や面子にこだわってばかりおる。

女性たちの服装においていわれている個性を生かしてなどということは、男性たちの服装のばあいはほとんど禁句になっているとみていいが、もともとおしゃれというものは、個性を生かしてということから生まれるはずなのである。そして、おしゃれこそ、社交に有効なものであり、たのしみなものでもあるものなのだ。

街でみる背広服の売場も、オーバーの売場も殺風景そのものであるが、そのような売場に立ってサービスに勤めている店員たちの声をきいてみると、「男の客をだまし込むのはわけはありません。だれが着てもかっぷくがよくみえるものならオーケーなのですから」という。つまり男性たちが新しい服を求めるのは、いばりたいからなのだ。だから、昔の商人が武士たちにものを高く売りつけた要領そっくりな光景が男子服の売場でみられるのだ。気楽にたのしく見て歩けるのは、わずかにスポーツ服の売場くらいだ。そこにはときたま、おしゃれ心をそそるものもみられる。

日本の男性たちの服装認識を、もっとほぐしていかなければなるまい。儀礼主義、かっぷく主義の殻から脱皮させなければなるまい。平社員は課長さんにみられたい、課長さんは部長さんに、そして部長さんが重役さんにみられたいという、俗臭ふんぷんたる服装行為から脱却して、外人たちに笑われないようにしなければなるまい。

上品とか下品とか

趣味というものは、境遇や環境などに支配される可変性のものだ。

カンノンサマのぐるりのあの浅草には、インテリらしい表情をしている人はほとんど歩いていない。だれもかれも、小商店や小工場に働いている中小企業の裾の方の人たちだ。それにまた、はるばる遠くの農村から出て来たという風体の人たちも混じっている。それに対して、銀座や、有楽町や、新宿や、渋谷などをさまようている人たちは、感覚も風俗も全然ちがっている。そして、銀座界隈の人たちはモダンで上品だといわれているし、浅草の人たちは泥臭くて下品だといわれている。

なぜそうなのかといえば、その理由の確実な一つは、それぞれの財布の中に金がはいってくる性格にかかわるといえそうだ。

インテリとか、管理職とかいえばサラリーマンすなわち月給生活者で、毎日デスクで忙しがっている人たちだが、二、三日病気などで欠勤したとしても、もらえる月給が保証されているのに対して、その日の稼ぎで金が手にはいり、また年中働くことに追われて、年に一回か二回どかっと金がはいってくるというようなのが、小商家の人々や、農民なのだ。

つまりインテリの場合は抽象的な金のはいり方だといえるし、浅草を歩いている人たちへの金のはいり方は、もっと直接的なのである。こういう金のはいり方のちがいによって、それぞれの好むところも決定されるといえるのではないか。

平安時代の公家ともなれば、門閥や血統がものをいって、お金や生活用資材は遠くの領地からはいってきたから、お金は抽象的でロマンチックな感触を与えるものだった。それで極めて上品な遊び事にお金を使う心になったとみられよう。これに反して初期の武家たちの場合は、財物を実力で手に入れたのだから、その使い方は直接的で下品なことに使われたといえる。

製造業者も、問屋も、小売業者も、もちろんこういう需要面に描かれている綾をがっちりとつかまえているはずだ。つかまえていなければ仕事にならないからだ。

けれども、インテリとか服装研究者などとなると、うわべの上品とか下品とかいうことだけにこだわっていて、それらの根底にわだかまっている仕組みなどには振り向かない。

結婚披露の会で演説

私は懇意にしている青年の結婚披露の会へは行ってみたくなる。愛し合った二人が、これから社会に立とうとして、どんなにうれしい顔をしているかを見たくなるからだ。そういう場面に接することは、人生の最上のレクリエーションだとも考えているからだ。

けれども、世間的には、私にそういう会合に出る資格はない。モーニングもないし、背広もない、皮の靴もない。ジャンパーでズックの靴ででかけるほかない。今日もまた着るべき服を着ていないので、どんなあしらいをうけるかと、不安定な心で行ったのである。

ところが優遇されてしまった。年配の関係だったのだろう、花婿さん花嫁さんのならんでいる真正面の席を与えられた。そこで媒酌人のお二人の紹介の辞がすんでから、「どうかお祝いの言葉を」と私が指名されたのだ。場面は豪奢な宴会場で、来賓たちは、男子はモーニングか黒の背広で、婦人たちは裾模様に広帯の礼装である。あいさつに立った私だけが、グレーのジャンパーでズックの靴、そしてバリカン刈りの頭だった。

一応おめでたい何かをいったが、いっているうちに、私に湧いてきた感想をいってみたくなった。

「……どうか、私の推定をお許し願いたい。こんご五十年の将来には、今日のような席に集まる人たちの服装は、私の着ているような服をみなが着ているはずだと、私は計算しているのです。どうか今日の私の姿とそして私の言葉とをご記憶願いたい。今日祝されてここに坐られている新婚のお二人が、円満な家庭を営まれて、お孫さんたちの結婚式場に臨まれたときに、どうか私の今日の姿を思い出してください。あのときにあの人が予言した通りの世の中になったねえ、と思い出してもらえると思うのです」

実際そのときの私の目には、その場の席の有様は、まるで五十年前の過去の情景のようにうつったのであった。形式ごとにくよくよしている集まりに見えたのである。過去世代の服装生活にあくせくして苦労している人々の集まりに見えたのである。

どうやらユウモラスに皆がききとってくれたらしいので、私も愉快だった。

美しさと気楽さ

勤め人は週末をどのようにくらしているかということをアンケートでみると、その理想像と現実像とが混乱していて、今日のアパートの住み手には一定のルールがなさそうだ。

そのことは、休養学でいう、レクリエーションとリラクセーションとがはっきりつかめていないことから来ているといえる。

仕事をすると疲労が結果される。月火水木金土と働いて、土曜日と日曜日とが、休養の日というきまりであるが、その休養の日の行動には二種類のちがったかたちのものがあるわけだ。個人の性格や年齢などにもよることだが、レクリエーションといえば、半ば積極的な行動をして、日常は使わないままにしておる関係の筋肉と、そして脳神経とを使うような態度、つまり室内の壁やデスクばかりにらんでいるから、広々とした自然のなかに行ってとか、趣味とするスポーツにうちこんでとかいう行為にひたることである。それに対して、仕事に疲れた上さらに、筋肉や頭脳を少しでも使うということはかなわない、ゴロ寝をして全身心を休める。その理想型はベッドで睡眠をとることだが、起きていて、ゴロ寝をして、というのを、リラクセーション方式というのである。猫が日なたぼっこをするようなやり方である。

ところで、このことを服装でみると、一方はおしゃれに装うことになり、他方は無精姿でおるということになろう。休みの日にはおしゃれをして、散策に出てレクリエーションをする、というのが一つのタイプで、休みの日こそ、ドテラでも着ていて無精をきめこむ、つまり気楽にやろうというのがもう一つのタイプになるわけで、それぞれの態度によって服装が決定されるわけである。

美しい服を求める心と、気楽な服を求める心とが、こういう原理から出ているといえよう。団地アパートから出てくる女性たちの買物をうけつけるスーパー・マーケットの夕方の買出し時刻などの奥さんたちの姿には、よくもまあというようなリラクセーション方式の姿がみられるなどは、それは内輪の毎日のことだからという考えからなのだろう。

洋装か和装か

「これからの婦人は、洋装一式でいいのでしょうか、和装も用意しておかなくてはならないのでしょうか」という質問をしばしばうける。それはいうならば世俗的価値の問題だから、当人が今日の世俗にどう対処するかという、当人の考えできまることだ。もう少し漠然と婉《えん》曲《きよく》にいえば、それは当人の趣味次第ですよ、といってもいいのだろう。また、お役所式のいい方でいえば、一九五一年の正月の銀座では、婦人の洋装と和装との比率は、洋装五二%に対し、和装は四八%でほとんど半々であったが、それが同じ年の三月のはじめには、洋装五六%で和装四四%と和装がぐっと減っておる。夏になると洋装の方がぐっと増えるのが通則であるが、一九四九年の夏の比率は洋装八四%で和装が一六%であったが、一九五〇年の夏は、和装の比率は五％だけ多くなっている。また、一九四九年の九月には、洋装八〇％で和装二〇％だったのが、一九五〇年の九月には、和装の比率がやはり四％だけ増えている。こういう数字で考えると、一九五二年の正月には、和装の比率の方が洋装のそれよりも増えて、和装が絶対多数になるのではないかと推定されていた。（繊維意匠創作協会同人の調査。）こういう現象は、現在でもほとんど変わっていないと推せられる。

こういう世俗の好みの動きであるが、「あなたのお考えは？」ときくより仕方がない。こういう数字の関係は、百貨店の洋服売場と、呉服もの売場との関係でも示されるだろうし、また、生産地の動静もこれらの数字で支配されるものといえよう。

さて、洋装か和装かという婦人たちの世俗についての価値判断は、幼いときには家庭の母から、学校時代は家庭科の先生から、一本立ちになってからは新聞や雑誌やテレビなどから、また、ぐるりの婦人たちから、という風に頑丈な（？）基盤から育てられていくものとみるほかはないようだ。

スタイルの定着

急傾斜の谷を流れ下るような都会のはげしい流行も、ゆっくりした農村まで到達すると、川原の石のように丸味がつく。その丸味のつき方で、民俗服などといわれるものになったりする。

このごろ農村の婦人たちの集まりに出てみると、中年を越えた年配の人たちはだれもかれも外出着に当たる茶羽織で、若いお嫁さんたちはみんなオーバーだ。そして老人も若い人も、頭髪はみんなパーマネントだ。あまり奇嬌なスタイルはお互いの目で消されてしまって、これならばというものを求めて、みんなのものとしているといえるように、一種の安定した雰囲気をただよわせている。もちろん、柄や色や裁ち方には好み好みの変化が示されているが、それらで張り合っているというのではなくて、一定の枠の中で、お互いが見せ合ってたのしんでいるというような朗らかな印象が与えられる。だから流行というよりも、定着性を含んだ風俗といった方が適切なのかと思われる。

いうまでもなく彼女たちは、農業という共通の稼業をやっている人々だ。だから外出着である茶羽織やオーバーへの関心とともに、作業着にもなみなみならぬ注意を払っている。それにも和服仕立と洋服仕立との平行線が現われている。都会の流行の激流の中における人たちから見れば全くのんきだといえるように、村の「生活改善クラブ」員の女性たちが中心になって、みなが作業着の工夫に努めたりしている。ときたま地方都市や中央で行なう研修会に持ち寄って、お互い同志で学びとったりしているのである。そこで特賞とか佳賞とかに表彰されでもすると、鼻高々と帰村して、みなの注意をひきつける。

家庭着の型はどうかといえば、毛糸のセーターがよろこばれている。それにはできあがったのを街で買うのと、手編みのとが半々である。村によっては、綿羊を飼い、毛糸を会社で作ってもらって、手編みにし、またそれで自慢のホームスパンを織ったりしている。

農村のスタイルはこれからも動くだろうけれど、動きがスローであるために、流れる川を見る感がなく、よどんで定着している感が濃いのである。

衣服と家計

統計学者が示してくれる数学をそのままうけとっている家計学はのんき過ぎる。衣服費というものは、消費支出の一〇％内外とか、また最低は三％（貧しい人々）、最高の場合は三〇％にも五〇％にもなる場合もありましょう（女優さんなどの場合）と説いて、それに衣服費の合理的消費とか、奢侈とか虚栄とか礼儀とかいうアクセサリー的衣服倫理をつけ加えれば、家計学の役目を果たしたような顔をしているのでは、衣服というものの本来の意味に交渉をもたないことになり、指導性うんぬんなどとはいえないはずであろう。

私の場合には、女優さんたちとは反対の衣服費三％組だが、それは交際のためとか、取引的社交のためとか、または儀礼のためだとかいうことを衣服費にはもちろん、衣服自体にもちこまないでつっぱってみているからだ。試みているからだ。今日の私たちは、信仰の自由、思想の自由などが公認されている自由社会に生活しているのに、衣服慣習だけからは解放されていない。それはどういうことなのか。不満と疑問を抱かずにはおれなくなる。

それについての因縁を逆に考えてみると、信仰の自由で、神社が生きており、お寺が生きておる。各派のキリスト教もゆるされており、新興宗教のいろいろもという状況である。ところが、結婚式は神社かキリスト教会で、葬式は仏寺かキリスト教会でという慣習はすたらないので、それぞれの儀礼事に列するのには、服装が自由だと気まずい思いをするから、それぞれきまりの服装をつけることになる。つまり、信仰の自由が、服装を束縛するという妙な矛盾を生んでいるとみられるのだ。なぜ、服装思想そのものの自由は育たないのか。(ここで、衣服といわないで服装という言葉を使ったことについてのニュアンスを了承願いたい。)

交際や社交については、たとえば、したしい友人たちとのたのしい集まりの場で着る衣服は、内容的には娯楽費であろうし、また取引関係の社交の場合の衣服は職業費とみたてていいのではないか。そうではなくて、衣服費の中に、寝巻から、作業着、家庭着、外出着、訪問着、宴会着などまで、衣類といわれるものすべてを無差別に盛りこんだのでは、生活の実態とのかかわりの薄い家計となり、金の使い方に頭を使う人がやることではないといいたくなる。

同じ衣服でも、たとえば、歓楽を売る芸者の場合の衣服費、いな、お座敷の衣裳代は、あきらかに職業のためのものだから、農家でいえば肥料代と同質のものと考えていいという風にである。

衣料費一兆円

某トップ・クラスの建設会社社長とお茶を飲み合ったとき、「おそらく着物のことといえば、女の子の尻でも追いまわしている奴らのやることだ、くらいに考えているかもしれないが、今日の国民の可処分所得を一〇兆円と仮りに考えると、その一〇％見当が衣服費に当たる。そのうち二〇〇〇億円か三〇〇〇億円を、私たちのユニホームセンターで頂戴しようというたくらみなのですよ。大繊維メーカーも、縫製業者も、問屋も、小売業者も、また流通業者もそのためにスクラムを組んでいる。ユニホームセンターはそのための研究機関で、人間工学者、労働科学者、色彩学者、繊維研究者、それに一流のデザイナーたち、さらに生活行政の実績家、社会評論家、服装評論家などが参加しているのです」社長氏は「うむ……」とうなったのであった。

「食物はインスタントへでしょう。住宅はプレハブまたはプレカァストへでしょう。着物ばかりを、お裁縫の先生たちにまかせておいてという時世ではないでしょう。産業としての着物という方向へ歩ましめるのが当然ではないですか」

「国民生活の場という点からは、企業体の中での労働の場、奥さんや子どもさんたちの家庭の場、そしてそれらの両方にもかかりますが、今日のレジャーの場、というように分かれるでしょう。そしてどの場でも裸ではなくて着物を着ています。ユニホームといえば、主として企業体の中で働く人の着物ですが、既製服といえば、家庭着、子供服その他にも及ぶでしょう」

産業としての衣服生産活動、ということについて納得してもらえたと思うのだが、現実に既に、ユニホームセンター・デザイン、××KK生地、〇〇KK縫製という大きな文字をすりこんだ、五〇着とか三〇着入りとかの梱包の箱の山が、貨物駅のホームに積まれているのを見てもらえばわかる。家計簿の中だけの被服経済学とか、被服計画とかいう、みみっちい作業から、国民経済としての被服計画ということへの大きな着眼に移ろうではないですか。

「一兆円の仕事ですよ」とくりかえしていいたくなる。

ソ連の流行誌

資本主義、自由主義の世界の中の流行と、社会主義、統制主義の世界の中における流行とではちがうのか、どうちがうのか、ということが、考えてみなければならない一つの課題となった。これまで、流行などということは、あるべきはずのものではなかろうと思っていたのに、ソ連で発行した流行雑誌が、わが国にも渡来してきたからである。全く虚をつかれた感がある。

もっとも、さいきんの消息では、消費財をもっと豊かに提供しようということはソ連の指導者たちの声であったが、まさか服装の流行にまでそれが及ぼされるものとは思わなかった。

もともと流行というものに含まれる意味は、倫理的に否定したくなる面と、そうではなくて、働く人たちにとって気分を新鮮化させる面との二面があるわけであるが、世界大戦前、数十年間の社会に現象していた流行は、当時の思想家たちや、社会心理学者などによって、反倫理的な意味のものだとけなされていたのだ。わが国の多くの有識者層の人々はもちろん、社会心理学者などまで、古い時代の思想や解説にならって、流行をけなす立場に立っていた。人格とは関係のない単なる模倣本能からだとか、群集心理だとか、優越感だとか、虚栄心からだとか、と並べたてて、けなす立場に立っていたのだ。

いうまでもなく、大戦以前には流行といえば、働くことを知らず、また働くことをわすれてしまったような階層の人たちによろこばれたものだとみなければなるまいから、そういう条件下から発散してくるといえる流行現象などは、否定されるのも至当なことだったといえるのである。

たれでも働かなければならない。そしてノルマだけ働けば、余分の時間はご自由に、そして働きぶりの能力に応じて賃金を、という仕組になっているような社会では、レジャーの意味も古い社会の人たちのものとはちがい、また流行をよろこぶ心もちがっていると考えなくてはなるまい。

働くことをわすれてしまっている人たちが溺れている流行と、働く人たちのさらに働くためのレクリエーションの意味が汲みとれる流行とでは、たとえ、表面的にはとにかく、おのずから異質のものだと考えたい。

アメリカの服装

歴史の浅い国、宮廷というものがなかった国、そういう国に美しい服装が生まれるはずがない、という考えが、暗々裡にたれもの心を支配していたし、また、服装の仕事に携わっている人たちの心でもあったのだ。そして男子服といえばイギリスだし、女性の服といえばフランスと相場をきめていたのである。

住まいのことになるが、第一次大戦のほとぼりのまださめなかったときに、デモクラシーの政治思想を楯として言論戦に終始していた大山郁夫さんが、「アメリカはいいですよ。いいところがありますよ。アメリカ風の住宅を建てて住みたいから頼みますよ」といって、その当時のアメリカ風スタイル、つまりコロニアル・スタイルの住宅を建てた。そこに大山さん夫妻がさも満足そうに納まって、いよいよデモクラシーのための活動に馬力をかけた。その姿を思い起こすが、実際、アメリカのよさは、外面的なものではなくて、内面的なものにあるのだとみていいようだ。

ヨーロッパやアフリカからの移住者の集まった国、――積極的な進歩主義者も、落伍者的な侵入者も――互いに入り混じって、星条旗の下に国を成しているアメリカでは、ヨーロッパの国々のように――また日本のように――デリケートな服装エチケットなどを問題にしない。ヨーロッパ社会の形式主義的な生活に反抗して、渡航して新しい国造りをはじめた清教徒たちの精神の力ある流れに、今日も貫かれているからだといえる。ジョンソン大統領が、晴れの就任式に背広姿のままで壇に立たれたというニュースには、私は拍手を送りたくなる。

終戦のとき、わが国の衣料貧乏はどん底におちたのだったが、あの当時、日本の私たちは、はじめてアメリカの服装に着目させられたといえよう。アメリカ軍人の服装の生地や仕立に。また街の湿地にキノコのように現われたガールたちの明朗な色調のドレスやオーバーにあこがれる心から、だれもかれも洋装へと飛びついていく趨勢となったのだといえるようだ。

伝統とは

伝統とは古いものが今もなお愛されていて生きていることだ。それに対して、因習とは古いものが枯れたままに、残念ながら現在もその姿を消してしまわないでいることだ。だから客体そのものが同一であっても、それに触れる主体者の感情によって、前者ともなるし、そうでなくて後者であるといえることにもなる。岡本太郎さんは岡本さんらしい伝統をつかまえようとしているし、亀井勝一郎さんは、また亀井さんらしい伝統を捜し求めているというふうにだ。

女性のスカートは因習だから、当然ズボン式にしなければという議論が出たり、男性のネクタイは伝統であるか因習であるかなどと、主体者の価値批判のままに浮動するのである。

であるから、ものごとを価値観念をはなれて客観する立場を本願としている人類学や民俗学では、それらの言葉を避けて、第三の言葉である伝承という言葉を使っている。今日の風俗習慣を伝承学的にみるか、そうではなくて、価値批判的に伝統研究という立場でみるかによって、学風がガラリと変わったものになってくる。伝統としてみる場合には、学者の生活論がその前提となるのでなければ、一片の俗論になってしまう。街の婦人雑誌や、いわゆる婦人欄に出る記事のように。

細かい具体例でいえば、茶道や華道は、一般人に今でも愛されているから、その人たちにとっては、それらは日本的伝統といいたくなろう。しかし何々流にこだわることは因習だとしてけったのが草月流だとすると、草月流にひたっている人たちにとっては、草月流こそ華道本来の伝統だということになろう。

信仰、倫理、芸術、衣食住、芸事等々は、すべてそういうものさしで計られよう。信仰（伝統）と迷信（因習）とは紙一重のものであるし、家族制度が慣らされた日本人には、いい点も困った点もあるという風に、また、お茶漬の味こそといえば伝統にかかわるが、合理を追求する栄養という点からは因習だとみられそうだ。

今日の日本人の服装に伝統を探るという仕事は、よほど用心してかからないと、とんでもないことになる。

風俗という言葉

風俗という言葉は、含みのある言葉だ。それだけに要領がつかみにくい。世相風俗と書いてみると、何か動きのあるものが暗示されるし、また風俗習慣と書くと、固定した何かが暗示されるのである。

動きのある風俗は流行であろうし、固定した風俗は慣習であろう。だから風俗といえば、流行と慣習とを含めて、一枚のものとして対象とした場合だといっていいような気がする。

かつて、私は風俗研究という名のもとに、時の流行研究をめざして「考現学」という旗をたてた。必然そこで、流行と慣習とのからまりをみつめなければならなかった。そのときに、民俗学を提唱され、築き上げられた柳田国男先生には並々ならぬお教えをうけた恩義があるのだったが、手厳しく叱られて破門された。先生が亡くなられるまで、そのことでは手厳しく責められたのだった。

さいきんは、社会人類学の畑で、生活のパターンという言葉をよく使う。生活様式ということとほとんど同義語だといえるようだが、生活のパターン研究といえば、固定した型と、そしてそれがどういうきっかけと経路とで移行するか、を対象としているようだ。それで、考現学はどうしたというような質問を、アメリカの学者たちからうけとっているのであるが、私としては、四十年前に、その概念を生み落としたままに放っている。

生活とは習慣であるという厳然たる法則、また生活とはリズム（流行）であるという厳然たる法則を、一つの現象にこれらの二つを重ねて閲《けみ》していかなければならないところに、風俗研究のややこしさと面白さとがあると思ってはいる。

この頃の生活パターンは目まぐるしいように急速に動いている。石油化学工業や、オートメーションの進行などで、質的にも量的にも促進されている物件の影響、そして、増大しつつあるレジャーなどによって、有形無形の既成の慣習がスピーデーに変わりつつある。いうならば、生活革新がうながされている時期である。このような時期における風俗の研究、現代風俗の研究は、果たして、どのような方法でやったらいいのかなどと考えさせられる。

流行企画

生産者、販売業者たちは、流行というものと真剣にとりくんでいる。けれどもインテリともなれば、流行というものを蔑視し切っている。

この二つの対立は十九世紀後半からのものだが、さいきんの繊維産業界では、流行という社会的現象をどのように利用し、どういう手の打ち方をしているかを、第三者の立場でみてみよう。

今日流行が感染しやすい部類の人たちといえばＢＧ――いなＯＬ（？）――であろう。しかしＢＧにも種類がある。東京駅のラッシュ時に乗り降りする大会社勤めのＢＧの群と、地下鉄霞ヶ関で乗り降りする官庁勤めのBGとだが、これらの二つは質がちがう。会社勤めの方がスタイルの点からも化粧などの点からもぐっと粒ぞろいで、消費力旺盛なのに対して、官庁勤めのBGとなると、どこかぎこちなくて消費力もおとる。いな消費の対象がちがうのだといった方が公正かも知れない。

こうみた場合、くだものの色とか花の色とかいうPRを吸収してもらえるのが、東京駅組だといえよう。いうまでもなく彼女たちは小学、中学、高校の課程を経てはいるが、ものごとの批判力については未熟なまま入社試験にパスし、会社の規制の枠の中で毎日単純な作業に就いている。そういう経歴と職場の雰囲気との関係で、彼女たちは浮動的な感覚的なおしゃれに感染しやすい素質をもっている。そういう群に、来たるシーズンの流行をあまい言葉でPRの網打ちをするのである。霞ヶ関のインテリ張りのBGなどは眼中におかないで。

国際情勢などへの勘案その他もあるだろうが、流行を吸収してくれる可能性の豊かな群の表情をキャッチして、次のシーズンの色調や柄合を決定し、じゃんじゃん生産を進めながら、生産しつつある〇〇調の予告編をPRに流すのである。BGたちの魂を占領してしまうのである。霞ヶ関あたりのBGその他は何といおうと大局には関係がない。まず東京駅で乗り降りするBG群をとらえ、おいおいと広がっていく波紋を予想しながら見ておればいい。

「学」という字はかたくるしい。特に家政学とか被服学とかいうときの「学」は、そのために無理な形式化が求められて、内容まで歪められたりする傾向を生みがちだ。けれどもここでは慣例のまま見逃がしておくことにしよう。

家政学とは、古代ギリシャの昔からいわれているように、家庭生活における物心のバランスと調和について研究する学であろう。そして、技術の進歩と時代のイデオロギーとがからめられて、研究が進行するといえるのであろう。そして、小学、中学、高校、大学という序列で、家政学が講ぜられているのであるが、それに包含される技術の領野は広い。衣食住、育児、衛生、経済、人事などという広がりを持たなければならないから、それらの技術について講ずるには、それぞれの専門分野で追求しているところを借りてこなければならない立場にある。

すなわち、栄養学、建築学、育児学、衛生学、消費経済学、法学などの成果を借用し、先の家政学の概念の下に、まとめ上げて講ずるのが家政学の本命であろう。もちろんそれには、今日の生活倫理をバックボーンとしなければならないのであろうが。

ところが、今日の被服学は、家政学者のほうでも被服学者の方でも、学的良心が未熟なせいか、自立した被服学というものをみとめていない感がある。そして被服学といえば家政学の枠の中のものだとされている感がある。

しかし、今日の被服界は、家庭生活という常識では処理できがたい方向へどしどし発展しつつある。被服関係の企業の発展、繊維業界、縫製業界、製品の流通業界、また職場におけるユニホーム、公の儀礼服、スポーツ服、舞台衣裳、そして貿易関係などと真正面にとりくむことが要請されてきたのである。それで、家政学への従属をはなれて、いっそう広い社会生活あるいは国民生活という見地からのものでなくては、不備の感あるものとなってきた。一つの時事的課題でいえば、「家政学会」からは自立した「被服学会」というものの生誕が暗示されてきたわけだ。

家庭科はどこへいく

家庭生活の姿は年とともに変わっていく。

「裁縫もするし、すすぎ洗濯にもいやな顔はしない、あっぱれな女房ぶりよ……」とは、江戸時代からの市井の主婦のほめらるべき行為だったが、今日の主婦、妻、あるいは母の場合の理想図は果たしてどうか、どうなのか、ということから、家庭科教育のあり方がきまるわけだろう。

今日の主婦、妻、母、に要求される家庭的行為は、内面的には人権尊重という思想、外面的には科学技術の進歩を、それぞれ素直にうけ入れることにあるといえそうだ。

以前のことだった。私はかつて農政局に関係させられておったときのことだった。時の軍部当局に呼び出されて、「農家生活を文化的に改善を、ということは、ある線までだぞ。農村こそ、不便な戦地で艱難辛苦に耐える帝国軍人育成の苗床なのだから……」としかられたことがある。まさに驚くべき人権無視の思想だったのだ。

ああそれなのに、それなのに、といいたくなるが、戦争に敗けて、万事アメリカの指令どおりにしなければならなかった時代に、家庭科教科書もアメリカの検定をうけなければならなかった。文部省は、これはという先生たちに頼んで書いてもらったが、どれも落第だという。恐らく長年のあいだ、先の軍部当局の指令どおりにやって来たことが、身にしみていたからなのだろう。恐るべきは家庭科の先生たちだったのだ。それで文部省は私のところに頼んできた。「よかろう」とひきうけて、一筆ふるったが、すぐそれはOKになったという。狼狽した文部省は「文部省教科書編纂委員を嘱託する」という辞令を、後で送ってきた。

それは思想についてのことだが、科学技術の方からは、これからの家庭生活の理想図は、工場生産品をとり入れることを中軸とした姿となるのではないか。衣は既製服へ、食はインスタントの方向へ、そして住は設備満点なプレハブへという方向をそれぞれたどるのではないのか。そして主婦としては、もっと社会に出て働くことを求めるか、既製品やインスタントなどでは満足できない、一層芸術的に衣食住を処理する道へいくか、となるのではないか。

服装研究と民族学

いうまでもなく、被服は、われわれの生活をより健康に、より楽しいものにするためのものだ。けれども、それに二次的三次的ないろいろな要素がプラスにもマイナスにもからみついて、ややこしい服装風俗が成立している。大まかにいえば、気候風土に対応し、働きやすいように、とかいう第一次的な要素に、宗教的・政治的儀礼のための要素、性的うながされからの要素、何らかの身分の標識としての要素、非日常的な生活を表明する要素、または威嚇や虚栄や欺瞞などの満足などの、雑多な二次三次的な要素がつけ加えられて形成されている。そうあることで、今日の人々をも、過去の人々をも、また世界の諸民族をも、心理的に支配しているし、また支配してきたのである。だから、服装文化の研究にあたっては、よほど低姿勢でかからなければといいたくなる。

過去の民族研究者たちは相当な功績をあげてはきたが、植民地政策などが幅をきかせておった時代には、高姿勢でのぞんでいた感があった。流行のヒゲをはやし、背広服を装った紳士たちが、じぶんたちを支配している慣習そのものには疑問をいだくことなしに、諸民族の服装にみる二次三次的な要素を、奇習とか迷信とかいう風に片づけていた感がある。しかし、最近の民族学は、いっそう客観的態度で進められている。いうならば社会科学としての社会人類学あるいは民族学に生育しつつある。

ワイシャツにネクタイを吊り下げている現象、ショートスカートにハイヒールをはいているわれわれの見ている現象に対して行なう社会科学と同様な態度で、後進民族に対しているやと思えるのである。

だから、今日の民族学者たちの記述を、単に変わった風俗の報告だという風にみないで、服装というものについて、科学するきっかけでもつかまえようという態度で読んでもらえたらばといいたくなる。

民俗服をみる目

何が美しいか、美とは何ぞやということは、受けとる人の主体性にかかわることだから、数字的にきっぱりと割り切ったような答えができるはずのものではあるまい。大多数の人々に感動を与え、喜びを与えるものは、だいたいにおいて美的価値あるものといえるかもしれないが。

主体性といえば、いつも神経的な作業ばかりに追われているようなインテリ型といわれる人々と、毎日が筋肉的な労働に努めているような、いわゆる大衆型といわれる人々（もちろん、神経作業ばかりしていても大衆型とみられる人々もあるし、また筋肉労働にばかり従事していてもインテリ型とみていい人々があるけれど）とは、好みの標準が違うとみないわけにいかない。そして、インテリと大衆とでは、好みの点でライバルの関係にあることは見逃せない。

たとえば、農民たちは、かれらの坐っている炉端に、おのずから、かれららしい構え方をしているが、それをかれらは、あまりに日常的であるために、あえて美しいなどとは感じない。少なくとも貴重品などとは考えない。かれらにとって貴重品だと考えられるものは、座敷の床の間に飾っている。けれどもインテリは、農民たちにとって価値の薄いものとされている炉端の作品に求めて、床の間に飾ってある品物などには見向きもしないのがいっぱんだ。

きものでいえば、今日の農村には、盲縞か棒縞か、または紺がすりの類が、日常着としても、作業着としても、江戸末期から明治へかけて広まった。そして祭りの日や、婚儀などに着る晴れ着は、タンスの中にたくわえられている。そしてさらに、いつからはじまったかわからないが、社寺などの祭礼の日に、共同のクラやナヤから出して使う芸能服というものもある。それぞれ着る人の心構えがちがうものが三段構えになっているのである。

インテリはこれらのどれをとり上げるかといえば、第一のものと第三のものとであろう。けれども農民にとっては、各自のタンスの中の晴れ着こそとなっている。しかも農民にとっては、労働の質の変化、近代化の波で、在来の作業着はどしどしとすて去られる趨勢にあるし、また、側面からの刺激、つまりインテリの指図で、第三のものは保存してということになりつつある。

服装は道路と関係がある

アフリカ横断旅行を勇敢にやりあげて帰った友人に問うてみた。

「アフリカの民族といえば、真っ裸に何かのアクセサリーをつけている姿を写真で見せられているが、今日でも、ああいう姿がべたに見られるのか」ときいてみた。

「いや、自動車の走る公道沿いでは見られませんよ。みな上体衣も下体衣もつけています。

そして公道からちょっとはいった所では、上体衣か下体衣かをつけておる。それから奥ですよ、めったに旅人がはいらない地域にいくと、まっ裸がみられるのが」
「じゃ、服というものは道路と関係があるといえるのか。ユーモラスで愉快な定義になるが……」
と笑ったのである。

私たちでも夏の暑い日などには、人に見られない室内では、真っ裸でいたりする。それを隠すのに簀戸《すど》とか衝立《ついたて》などが用意されたものだろう。農村を歩いて農家を訪ねたりすると、その家の人に、迷惑をかけたりするのがしばしばだ。家の裏手に裸でおる人が、大急ぎでそくさときものをひっかけて出て来られたりするからだ。裸同志なら裸でも平気だが、着物を着ている人の前では裸では気がひける。そのことは、文化の伝播のはじまりでもあろうし、またエチケットの芽生えを語るものともいえそうだ。今日のアフリカの諸民族は、しきりにその後進性から浮かび上がろうとしているらしいが、それがまず服装からといえるようなニュース写真がみられる。しかしそれは、必ずしも遠くの大陸ばかりのことではない。私たちの周囲にも人それぞれに実力の上下、本来の文化度の上下があるわけだが、実力のおとる人たちが、実力以上にみられようとするときには、まず服装からというのが通則かのようだ。

入学したばかりの小学生たちの姿が目に浮かぶ。新調の制服を着て、ランドセル、上靴袋などを装うて、得意な表情で道路を歩いている姿は、正に今日のアフリカにみられる情景と同性質のものとみていいようだ。全く服装というものは、私たちの心の裡において、不思議な作用をしている。

文化的段階の上下関係は、服装の関係で、上下のないかのような見かけの状態にしてくれる。見かけの民主主義化だ。おしゃれによる民主主義化だ。

近代的式典

空に五輪の雲がジェット機によって描かれて、芸術の聖地、スポーツの聖地から、はるばる運ばれてきた聖火が、階段上の火台に点火された。それが、場内の十万の観衆から思わず拍手を湧かせた。そして世界の九十四ヶ国から、晴れのユニホームを装うた選手の列の入場で、さらに拍手が湧いたのである。

それは一九六四年秋の東京オリンピック、スポーツの式典の名の下に世界は一つにという式典の光景だった。ブラウン管の前に釘づけの家庭の人々、職場の人々、そしてシンコムの仲介で世界に伝えられた画像を見る人々、と数えると、文字通りの世界の式典だったといわざるを得ない。

その巨大な式典のために、東京の施設は急速に進められた。夢とされていた虹の掛橋の高速道路ができあがり、十数階のモダンホテルも、もちろん運動場も選手村も見事にできあがった。しかも街路のゴミもグレン隊も、この式典を清潔にするために掃除された。こうして近代的ムードは東京から見事にもりあがったのである。

これまで、式典といえば、非近代的な方向へ人々の心を誘うような仕組で行なわれてきた。有職故実的な雰囲気のなかで、礼装うんぬんなどと気をくさらせた。結婚式などは、われわれの神代のことを覗かせるかのように仕組まれた。このことは西洋でも変わりがない。例えば現にニコライ堂でやるギリシャ教の結婚式は、まるでビザンチンの昔の庶民たちに納得させるような仕組そのままで行なわれている。そういうやり方には、だれでも矛盾を感じ、くすぐったさを感ぜずにはおれないと思うのだが。

こんどのオリンピックという巨大な式典的ショウでは、装置も、衣裳も、演出も、すべて近代的だったといっていい。そのことはこれからの式典のやり方に暗示を与えてくれたと思えるし、また、式典衣裳のデザイナーたちにも考えさせたことだろうと思いたい。

衣服と機械

いくら天才的なデザイナーでも、「衣服は着るための機械である」などと叫ぶ勇者はなさそうだ。もちろん現象している頸の蝶ネクタイや、お臍のボタンなどを、モクネジだとかリビットと見立てるなどは愚の骨頂だが、なんとしても「着物はレジャーのために着るものよ」という穴の中で憂鬱な生き方をしているのが今日のデザイナーのようだ。

近代建築の概念は「機械」によりかかって発展の道を求めたのに対して、近代服装の概念はいよいよ「レジャー」に足をふんまえて、という趨勢のようだ。

けれども衣服のなかには、機械と同じ原理で探究しなければならない部類のものがある。特殊な作業に従事する人々の特例的な服であるが、それらはもちろんレジャーの原理や、並みの洋裁常識では歯がたたないはずのものだ。たとえば、宇宙服、潜水服、防火服、放射線防護服、鉱山作業服、防毒服、極地服、自衛隊の特殊被服、——それは昔ならば、ヨロイカブトだろうが——こういう風に考えると、衣服いな被服というものの広がりも広い。夏の昆虫、あのさまざまな形態が思われてくる。それらはそれぞれの生態に即して、機能を発揮できるように、触覚も、肢も、胴体も、全体としてみた場合に、見事に有機的に形づくられている。蟻も、蜂も、甲虫も、蜻蛉《とんぼ》も、それぞれ生きるための機械と見たてていいように、むだを除去し、効率よくできている。自動車の玩具を喜ぶ子供たちが、また昆虫をつかまえて喜んでいる図は、この間の関連を思わせる。

慣習否定から機械が生まれる。東海道五十三次の旅は、機械の発展によって、超特急が三時間に短縮されている今日、弥次喜多的レジャーにあくせくする座を捨てて、「衣服は機械である」という命題の下に、勇敢な追求をやってみるのも、男子（?）の本懐事ではないのか。……空想が湧くのである。

宇宙服とデザイン界

とてつもないエネルギーで、私たちの地球をはなれて上昇する、あの宇宙旅行機に乗る人たちの装いには、中世期のナイトが着けた甲冑の姿を思わせるものがある。冷厳な宇宙と戦う十字軍の騎士の姿が。地球圏内をはなれると、引力もないし、空気もない。頭が上で足が下だということもなくなってしまう。そこで空気を持参しなければならないし、またサーカスにみるような訓練も積まなければなるまい。冒険を冒険でなくするための努力のうちには、医学も工学も一〇〇%に動員されるものとうなずける。

そして、地球上に住みついている私たちの生活も近い将来には「かつて地球に生息した人間には、男女の別ありて、ネクタイとかスカートとかを着け、お互いのあいだにはエチケットありて……」などという記録を、宇宙開発が進んだ未来社会の考古学者が書きつけることになるのではないか。

デザインの世界は、飛躍を要請されているのではないか。今日の風俗習慣の殻の中に閉じこもって安閑としていていいものか。高速道路はすでに、ゆるんだ都市に、しっかりやれとでもいっているように、締めつける箍《たが》をはめる仕事を半ば完成している。超特急列車は、風景美を新しく見直してみろとでもいうように走っている。こういう大きな動きが実現されている今日、服装の世界ばかりは、昨年と今年との小さい変化を求めることばかりにエネルギーを遊ばせておっていいものかどうか。安易なレジャーに坐っていてもいいものかどうか。そして、そういうことにあくせくしているために、思索の芽も踏みつぶされてしまい、空想の手も伸びなくなってしまうのではないか。そうあることは無意味でまた退屈なことではないのか。

「服装よいずこに行き給うや」と空を仰いでさけんでみたくなる。

量産服への着眼

戦時戦後にかけて衣料欠乏のために、更生服が時の問題だった。その当時、子供たちの靴下のつくろいなどに坐った主婦の姿は涙をそそるものがあった。憂鬱な衣生活の時代であった。朗らかな衣生活へあこがれる心は、そういう体験から芽をふいて育ったといえるが、綿も毛も輸入がゆるされ、おいおいと堅実な化学繊維衣料も生産され出してから、貧乏時代への反動とみられるおしゃれ時代が出現したので、おしゃれブックの売行きが増え、デザイナーがもてはやされ、また、洋裁学校が満開の花の季節かのように栄えたのであった。

十九世紀に、動力を使って生地が大量に生産され出してから、ヨーロッパの服装流行は、生地をたくさん消費するような、大型で襞飾《ひだ》りの豊かなスカートが着目され、また、エチケットの細分化によって、衣裳の所有枚数を誇りとするようになって、生産生地の消費を促したのであったが、今日の社会の諸情勢はそういうことをゆるさない。しかも今日の化学工業の発展は、衣料面にも及んで、衣料生地の供給はますます充実の傾向をたどりつつある。

そこで、新しい需要面を開拓することが要求されている。これまで、衣料生産のねらいは、その重点をおしゃれすなわちレジャーの生活をもっぱら対象としていた感があったことから、これまでは顧みることがうすかった働く人たちの職場服に着目し出したのは至当なことだといえるだろう。レジャーウエアに対するワーキングウエアへである。前者は、自分のまたは他人の個人的なおしゃれの満足に提供するもので、後者はそれぞれの労働あるいは勤労の場を基本とした社会的意味のものである。そして前者は、個別的デザインと裁縫とで作られるのを原則とし、後者は働く人々の性状や行動を客観してデザインされ、量産にその基本をおくものだ。で、おのずからそれは同一型の服すなわちユニホームといえるものとなるのである。

化学工業発展以前の農工商その他のサービス業者たちはおしゃれから見捨てられたままだった。そういう人たちの職場服の革命が予想されているのが今日なのである。かれらに新時代の新感覚のユニホームを与えようとする運動は、一連の業者たち、また需要者たちの共鳴をよびおこしているのは見逃がせない。

昔と今とこれからと

その昔、衣服の生産は、婦人たちの手いっぱいの仕事であった。家事作業というのには余りに重い作業であった。苧《からむし》や綿の種を蒔いて、それを収穫まで見守り、繊維を獲得して、それで糸を紡いだ。その糸を町の染屋で染めてもらい、それをうけとって、年寄りも、嫁も、娘も織機で働いたのである。家族に一枚ずつのきものを着せてやるための布地を用意する作業というものは、並大抵のものではなかったのだ。そうして布地の用意ができると、家事の暇々にお針の作業であった。

明治生まれの人ならば、少年時代に、それらの長い行程のどの段階かを、家庭のなかで見てきたことであろう。今日では、それらは、第一次産業、第二次産業、第三次産業という風に区分されたそれぞれの分野で仕事が運ばれているので、自給自足といわれた昔のことは想像もできまい。辛うじて、現在は市場で布地を求めてきて、お針やミシンで、家庭婦人が裁縫をする姿だけは見られる過程を歩んでいるといえるであろう。

しかし、業界の消息をきけば、「布地の売上げと、既製服というでき上がりの服との売上げの比率は、年々既製服の方が増加していて、三〇%、五〇%、七〇%、という風に増大していく趨勢です。われわれ供給者としては、そのために打つ手を真剣に考えさせられているのです」ということである。個々人の手仕事だったものは、次々とマスプロ機械の手でというのが、産業の近代化であり、そしてお針の作業を奪われていく家庭は、近代家庭として再整備を要請されるという関係にもなっているのである。それで、江戸時代の家庭生活、明治・大正時代の家庭生活は、過去を物語る文化財として、別途な立場で尊重しなければともなってくるのである。

祖先や、わたくしたちの歩いた道と、これからの人たちの行く道とは？　ということは、一連の思索事となる。

戦後の服装界

上流階級者たちが、社交を享楽することにその基調をおいたスタイルを、庶民階級者たちがまねし出して流行したというのが、第一次大戦までの西洋の風習であった。ところが戦争の性格が国民総力戦といわれるものになったので、婦人たちは、社交の場や家庭の中で「お人形」姿でおれなくなった。自由に行動ができるということを基調としたスタイルに改めなければならなくなったのである。史上にかつて見なかった変わり方だったが、その系統のスタイルが今日に継承されている短髪短袴のスタイルである。飛んで、第二次大戦となったが、そこで日本の婦人たちは、そそっかしく、筒袖のきものにモンペをつけてそれに対処した。行動的でなければならなかったからである。けれども戦争が終わってからは、第一次大戦後に西洋で形成された短髪短袴系のスタイルを、彼女たちの美学で採用することになって、今日の洋装時代を生育させたのである。

被服素材の生産という観点からは、第二次大戦のときまでは、繊維といえばほとんど天然繊維だった。それが戦時の激しい消耗で、被服素材の貧乏は深刻だった。しかし、戦後の化学工業の開発で、化繊も合繊も活躍することになったたし、また染色技術の進歩も著しかった。今日では、天然繊維と化学繊維との消費量はほぼ同量だという統計になっている。

このことは、服装風俗上にどのような貢献をしているかといえば、「靴下と女性」といわれていることで暗示されているように、たとえば、「……ニューヨークなどでは職にありつけないでいる失業貧民層が相当おるのであるけれど、彼等や彼女たちの姿は、一見したところ、貧民とは見えない。もとのように、破れた服も、色のあせた服も見られなくなったからだ」と記されているように、服装の民主主義化（?）の展開を結果しているのである。ただ目下のところ、化学工業の開発からくる公害うんぬんの問題は残念ではあるが。紳士淑女以外のことになるが、十八世紀末から十九世紀にかけて、教育学の提唱で、大人の服から子供服の分化があった。それと類した運動は、今日の企業経営学の原理から、職場で働く人たちの職場服の分化が予想されていることだ。

リアルとロマン

真実のものを求めたい本能で、男性は女性に、女性は男性にひきつけられるところに、ロマンの深い根を探すことができよう。そして東ローマ時代の昔から、男性の装いと、女性のそれとがコントラストのものときめられて、今日まで伝承しているのもうなずけよう。しかし、現代の宇宙服や極地服などとなると、ロマンのはいりこむすきがない。ぎりぎりのリアルな研究方針の下で決定しなければならない。

現代以前には、建物も、家具も、交通機関も、また服装も、すべてロマンで支配されていた。科学的工業が未熟だったからだ。今日ではしかし、建物も、家具も、自動車も、モダン・スタイルと見られるものであるかぎり、インダストリアル・アートといわれているようにリアルであることが基調とされて、それらで求められるロマン的満足も、リアルを通して求めているというように進行しつつある。しかし服装だけは、ロマンを求めることが、依然として今日の本筋かのようになっている。ファッション・ショウなどは、お涙頂戴のものとなっているのがいっぱんだ。モダン・スタイルの服装といえば、シルエットも、裁断も、感覚的新鮮さを求めて、今日のロマンから、明日のロマンへと追うことにきゅうきゅうとしている。日常服といえば概してロマン圏外のものだが、それとのコントラストは、七五三とか花嫁衣裳とかとなるとロマンが克明にみせられている。

飾られた百貨店は、ロマン的満足を満たすための買物の場で、質実なスーパー・マーケットは、日常的なリアルな品物を買うために主婦たちが毎日通う場であるように、振り分けられるようになったのが近代商店経営規格の発展だといえる。そして前者はお金のことは二の次で、後者はまずお金の勘定からの行動をそれぞれがうながしている。

それでたとえば、民芸品はスーパーのものではなくて、ロマンを求めるためのものだから、百貨店の売場のもの、ホームスパンの服地も手織木綿の和服地なども、素朴なものではあるけれど、それらの文化財的な価値が買われて、

自宅の書斎にて。

百貨店の売場のものとされているのである。

手近の商品の域を離れるが、さいきん、国際的なスケールで、たいへんもてはやされているという歌舞伎劇などは、外人にとってはロマン的興味が満点だからだともうなずけよう。

あとがき

私は結婚したのが、ジャンパーを着出した以後のことだった。

大正十二年の関東大地震のときからジャンパー一式でくらすことになったのだが、そのとき住んでいた九段の上の借家が崩れて、しばらくの間、内藤多仲さんのお世話で、勤めていた早稲田の近くの借家にうつって、母と二人でくらした。まもなく、その当時はまるまる郊外だった西荻窪駅の近くに、妙な家――その当時、村山知義氏などが主張していた新造形の――三角の入口のある小住宅を、三浦元秀君（現芝浦工大事務局長）に工事を託して建てたのへ、母と一緒に住むことにしたのである。

そして、そこに落ちつく筈だったのが、妙な関係でまた引越した。吉祥寺に貸家捜しして納まったが、また転々と引越した。その中の一軒などは、絶妙な場所に建てられた素敵な貸家であった。井の頭公園のあの清水の湧く直ぐ上に建っていて、居ながらにして、公園がわが家の庭のように眺められ、トントンと降りると公園へ行けるような、レクリェーションを満喫できる家だったのだ。そこへいろいろな友人も訪ねて来たが、また読書にひたることもできた。しかしまたまた転居をくりかえした。あの先生は引越マニアなのかといわれたりしたものだ。

母は、吉祥寺の借家の一軒で亡くなった。悲しく寂しかった。ろくに親孝行もできないうちに死なれてしまったのだ。姉も兄も母には随分心配をかけたのをみているから、親不孝だけはしまいと心掛けていたのだが、本当に安心してもらえる前に母に死なれてしまったのだ。

母が亡くなったとき、やがては結婚するつもりでいた当人である妻が、私の家に来てくれた。まえまえから交際をしていて、母もゆるしてくれていた女性である。それが、ずるずるべったりといえば語弊があるが、母に死なれた悲しみを抱いて結婚することになったのである。

結婚儀礼はどうだったかというと、母の遺骨を飾った壇の前に二人で坐って、母の霊に額ずいて、二人の結婚のゆるしを乞うたのである。かの女は普段着のまま、私はジャンパー姿で、立合人もたれも居ない場で、きちんと坐って、母の霊におゆるしを乞うたのだ。そして二人は握手し合い、握手の上に、お互いに感激の涙をこぼし合ったのであった。そのときのかの女は、きものを入れた信玄袋を両手にさげて来ただけだった。

妻はくらしのことを、まめによくやってくれた。そしてしばらくして、吉祥寺の借家から現在の保谷市に建てた住宅に住みつくことになったのである。もちろん土地代も建築費も月賦払いで。その出来上がった新築の住居に、妻と二人で荷車をひいて引越をしたのだった。

つい三十何年も、その家に居ついて、五人の子供を育ててくらしたのだったが、今では子供たちはめいめい自立して生活を営んでいる。

妻は一昨年（昭和四十年）の夏、胃癌だと診断されて、入院して手術した。秋にはいったん平癒したかのようだったが、昨年の五月になって、肝臓がいけないと、致命的な宣告をうけたのだ。自宅でゆっくり療養した方がというので、わが家の一室の、庭が眺められる部屋に、クーラーもテレビも備えて、悲しみの臥床の場としたのである。いろいろな友人たちが見舞に来てくれたし、子供たちも交代で手助けをしてくれた。ある日、妻の学校時代の同窓だった一人が訪ねて来たときに「この夏は、しんみりと庭のいろいろな木の葉を、一枚一枚、丁寧に眺めました……」と、病床の妻が語ったという。

そして八月二十三日に、妻はついにこの世を去ったのである。死への旅の床に就いていた妻の心は、みんなの心に滲みて来て、寂しさで身を切られる思いだった。

葬儀をどうすべきか、ということは、だんだん衰えていく妻をみつつ、考えざるを得なかったのである。

婚儀屋の手をわずらわさないで結婚した妻のなきがらを送るのに、葬儀屋の手をわずらわす気にはなれなかった。幸い、懇意にしている坊さん、東本願寺系の若い坊さんで、革進的な考えをもっている菅原篤君に相談に乗ってもらえた。

まず、私の考えを話してみたのである。

「身近な親しいものに死別したときには、残された者は寂しい。涙が湧く。そういうときに、人生というものを遥かに覗《すが》かせてくれるぽかっとした窓が開く。そしてそこに、救われがたい者への救われようとして縋る綱を発見することになるのではないか。キリスト教とか仏教とかいうけれど、またそれらのなかに何々派という構えが厳しいかたちでできていて、人生というものの神秘性について考えるその考え方にこだわっている。そのことはそれだけとしてゆるされていいだろうが、それらで、葬儀の派別の形式までをも固めてしまっていること、つまり葬儀習俗まで派別に固守されているということはナンセンスなのではないか。結局、結婚式はよろこびの劇、葬儀は悲しみの劇だと私は考えているのであるが、そう考えると、もっと解放された芸術的創作でいいのではないのか。この頃の言葉でいえば、派閥の解消だが、どうなのだろう」

菅原君は私の考えに賛成してくれた。

ところが現実に直面してみると、割り切れないいろんなことがでてくる。

結婚の際の今日の習俗は、結婚式と披露式との二段構えになっていて、何れの場面に列席する人たちも、主催者側の考えで招くのだから、どうとも調整できるので、先に書いた私たちの場合のように、招く人をゼロにしてしまうことも出来るのだ。

葬送の場合も、できるならば、密葬というか、何も飾らないで、ごく身近の人たちだけで送ることもできないことではあるまい。けれども葬送の場合は、招かざる客、――いな、死んだ人の霊が招くのかどうか――そういう客がやってくる。

今日の私たちの習俗では、結婚の場合には自主権はこっちにあるが、葬送の場合には、こっちは受け身で、自主権は向こうにあるようだから、送りに来られた人たちを拒むわけにいかない。

不幸事があれば、隣近所の人たちがお悔みに来てくれる。当人と日頃親しくしていた人たちが、お別れとお悔みにきてくれる。また当人には直接関係のない夫の職場関係の人たちが、残されたる者へのお悔みにきてくれる。それからそれと輪が大きくなって、招かざる大勢の人たちで埋められてしまうのである。そういう自然に湧く情緒のからまりで、来てくれる人たちをお断わりするわけにはいかないのである。

そしてそういう人たちに対して応えるために、こっちも、いわゆる葬送のための構えをしなくてはならなくなる。

そういうわけで、個々の点について、菅原君と相談した。「あの戒名というものはいらないと思うが」ということに賛成してくれた。お骨の前に俗名の位牌をおくことにした。「お骨になっているのだから、東南アジア式ともいいたくなるお焼香をやめて、キリスト教の習俗かとみられる献花にしたいが」ということも納得してもらえた。それから、町役場で葬儀用の飾り壇を貸してくれたが、それについている妙な飾り一切を取除いて、単純な壇に白布をいっぱいにかけたものにした。思い出のために飾る写真は、黒枠に黒リボンを飾ったいわゆる肖像写真では月並みで迫力がないから、等身大に伸ばした全身像にしたが、それを特別なはからいで「装苑」の写真室でひきうけてくれたのだ。

こうして、だいたい道具立てがきまったので、それらの配置構成を、若い建築家である石川洋美君にお願いしたのである。たくさん諸方から生花を頂いたが、それらも適当に配置して飾ってもらったのである。

さらに、かねがね故人が親しくしていた町内の婦人会の人たちが、故人をしのぶコーラスをやってあげたいという申し出は、ありがたくお受けすることにした。それを縁側の屋根の上にのせたスピーカーで、会葬者の方々にきいてもらうように流したのである。

私と妻との結婚式は、三十七、八年前に母の霊前で、二人だけのプライベートなこととして行なったのであるが、こんどの妻の葬式は、招かざる友人たちの賑々しい集まり、つまり社会的な場面のものとなったのである。

この本に納めた各稿は、書きあげると、いちばん最初に妻に読んでもらい、またそれらの多くは、妻の手で清書してもらったものだったのだ。だからもう少し早く、生前の妻に見てもらえるようにこの本ができていたらばとは、いまさらの思いである。それは私自身なまけたせいだ。出版社からは、早く早くと催促されどうしだったのだが、そのたびに「どうも……」と頭をかいていたのである。また、及ばぬことになってしまったが、このあとがきの中に「三十何年間ジャンパーを着ていた夫とくらして」という妻の手になる小文を添え得たならば、と思いに浮かんでくるのだが、それも空想だけのこととなってしまった。思えば、素直に生きてきた妻だった。

この本の内容は、目次を見て頂けばわかるように、ジャンパーを着てくらしてきた者の体験記と、そして世間との摩擦から湧いた思索、そしてその思索からの探究ごとを書いたものとうけとってもらいたい。所々に入れた挿絵はむかし月謝を払って修業した手前、私自身で描いてみたものだが、うまくないのをごかんべん願いたく。

出版の労をとってくれた、今井田勲さん、佐田文子さん、鈴木幸彦さんに感謝する。

昭和四十二年一月

解説　ＴＰＯをわきまえない

武田砂鉄

気象予報士が「今日、日中は気温が上がるんですが、夕方から夜にかけては気温が一気に下がるんですね。ですので、羽織るものなどを持っていき、お洋服で調節できるようにして、体調管理にお気をつけください」と言う。「羽織るもの」という響きに、頻繁に遭遇する。そんなの、共有できているのだろうかと疑問に思う。

自分の服装は、おおよそ二パターンだ。寒くないときはバンドTシャツ、寒いときにはバンドTシャツにジャケットを着る。以上だ。コートは着ない。持ってない。寒くない時はサンダル、それ以外は靴を履く。冬になると毎日のように「寒くないの？」と聞かれるが「寒い」と答える。「寒いなぁ」と思いながら歩いている。

どこへでも、そのどちらかで出かけていく。年に五回は「もし、スーツを着ることで伝わる誠意があるとするならば、それくらいの誠意、自分はTシャツでも伝えられますので」という屁理屈を口にしている。正しい屁理屈だと思っている。ある作家からは、「キミはいつも銭湯帰りみたいな格好をしているね」と言われた。さすが作家、的確な形容である。銭湯に出向くときの格好は、その人にとって最も身軽で、心地よく過ごせると感じている格好に違いない。逆に問いたい。どうして、みんな、銭湯帰りのような格好であちこち出歩かないのだろう。リラックスを手放してしまうのだろう。

「TPOをわきまえろ」という教え、というか、注意・説教がある。Time（時間）、Place（場所）、Occasion（場合）をわきまえろ、だそうだ。簡単に納得するつもりはない。なぜって、わきまえる対象が明示されていないからだ。その都度、誰が出てくるかわからないのに、とにかくわきまえろと言ってくる。「時と場合による」という見事な牽制方法があるが、言葉の構成要素は概ね同じなのに、「TPOをわきまえろ」の返答としても「時と場合による」は有効である。こちらは、「時と場合による」と言っている主体がはっきりしている。私だ。でも、「TPOをわきまえろ」にはそれが見えない。誰なのだ。曖昧なものに屈するのはよろしくない。

今和次郎はとにかくジャンパーを着続けた。妻や子供たちは「みっともないとか、失礼だとかいう世の中の通念をふりまわした」ものの、「慣れてしまうと小言も消えるだろうと待ったのである」。そもそもそれは、妻や子供たちの意見ではなく、「世の中の通念」なのだ。なぜ、自分が身に着けるものについて、一般論なるものを優先しなければいけないのか。冠婚葬祭にもジャンパーで出かけていった彼は、「婚儀屋や葬儀屋できめている形式的な装いをしなければという法はない筈だと考えているからだ。心のもち方からしぜんに湧く表情と言葉だけで済む筈のものだときめているからだ」と言い切る。結婚式や葬式にはなんだかんだでそれなりの格好で出かけてしまう自分は、まだまだ自分の「心のもち方」を信じられていないようだ。情けない。

「日本人は、世間で行なわれている慣習というものに弱い。ああするものよ、こうするものよと、家庭科の先生あたりが教えることを盲目的にうけとるだけで、なぜそうしなければならないのかという批判力は弱い」

まったくだ。ずっと変わらない。なぜそうなっているのかを問わずに、そういうことになっているから、と納得してしまう。同調圧力という言葉は「同調」と「圧力」と分割して考えたほうがいいのかもしれない。なぜって、同調は圧力ではなく、同調はむしろ安心を与えてくれるものだと考える人が多い。家の近くに大学があり、毎日のように多くの学生とすれ違うのだが、「個性の方向性がみんな一緒だな」という感想を持つ。個性が一緒、我ながら不思議な感想である。いくつかのファッション誌で連載をしているので、雑誌が送られてくるたびに通読するのだが、そこに載っているのは、ものすごく簡略化してしまえば、「これからみんなが着るべき個性はこれです。この個性の方向ならば、みんなから仲間外れになることはありませんからね」というメッセージである。

「物事を改良するということは、習慣との戦いだと私は考えている」とある。習慣は法規ではない。それなのに、あたかも法規のように振りかざしてくる人や組織ってものがある。クールビズの期間が始まると、テレビカメラはどこそこの役所に出向き、ネクタイを外したり、アロハシャツで出勤してきたりした人を映し出す。Tシャツやタンクトップの人はいない。どうやら、襟がついている範囲で、という前提があるようなのだが、襟がついていることで保たれる誠意ってものが存在しているのだろうか。ええ、存在してます、と返されそうだ。習慣は手強い。クールビズが提唱されると、背広を脱ぐのではなく、半袖の背広を着た国会議員が現れた。あの手のものを思い出し、つい、丸ごと否定しそうになるのだが、今和次郎はそこまで雑ではない。「じぶんとしての行為、服装行為ならば、じぶんだけできめ得るけれど、人々の服装行為に対しては、その人の心理を尊重して、いちがいにダメだよとはいえる筋合いのものではないと、私は考えている」とある。服装に対して寛大であるからこそ、自由な格好をする。同時に、人に対して、それはダメだよとは言わない。ただし、言わなければ習慣は強化される。改良が遠ざかる。

この本が刊行された頃にはさほど問われていなかった、そして今、しきりに問われているのが、「ジェンダー」と「エコ」の観点だろうか。女性のフライトアテンダントが必ずスカート姿である必要があるのだろうか。様々な性自認に合わせた制服を用意すべきではないか。大量生産大量廃棄の流れを食い止めよう。環境負荷のかからない素材を選ぼう。それぞれ大切な論点だし、その論点を無視する企業は槍玉にあげられている。真剣に考えているというより、槍玉にあげられないようにするのが一義になっているのではないかと思える対応も少なくないが、前進してはいる。そこにも、みんながそうしているから、私たちも変化する、というきつもの態度が残っている。目の前で起きていることに真摯に対応すれば、本来は「心のもち方からしぜんに湧く表情と言葉だけで済む筈」なのに。

一向にそこを目指そうとしない。世間との摩擦を異様に怖がる。変化していく服装の常識にズレなく乗っかろうとする。個性というのは、その常識をなぞった上で、ワンポイントアイテムとして投じるものになっている。個性が先立ってはいけない。アロハシャツの部長を、思い切った格好だとクスクス笑うのが限界値らしいのだ。

本書は、服装の歴史を紐解きながら、そこに残る「こうすべき」「ああすべき」の前に立つ。立たれたほうは弱い。なぜって、理論なんてないからだ。だってこういうことになっているんだから、という反論はいつだって幼稚である。どこへでもジャンパーで出かける人もいれば、Tシャツで出かける人もいる。「みんなそうしてる」をじっくり疑問視し、解体していく。半世紀以上前の分析がそのまま現在にも通用してしまうというのが、今和次郎の指摘の鋭さを立証している。今日も銭湯帰りのような格好であちこちへ出かけていく。TPOをわきまえるよりも、自分を信じたい。これでよかったのだ。

（たけだ・さてつ　ライター）

命売ります　三島由紀夫
自殺に失敗し、「命売ります。お好きな目的にお使い下さい」という突飛な広告を出した男のもとに、現われたのは？　（種村季弘）

三島由紀夫レター教室　三島由紀夫
五人の登場人物が巻き起こす様々な出来事を手紙で綴る。恋の告白・借金の申し込み・見舞状等、一風変ったユニークな文例集。　（群ようこ）

コーヒーと恋愛　獅子文六
恋愛は甘くてほろ苦い。とある男女が巻き起こす恋模様をコミカルに描く昭和の傑作が、現代の「東京」によみがえる。　（曽我部恵一）

七時間半　獅子文六
東京―大阪間が七時間半かかっていた昭和30年代、特急「ちどり」を舞台に乗務員とお客たちのドタバタ劇を描く隠れた名作が遂に甦る。　（千野帽子）

悦ちゃん　獅子文六
ちょっぴりおませな女の子、悦ちゃんがのんびり屋の父親の再婚話をめぐって東京中を奔走するユーモアと愛情に満ちた物語。初期の代表作。　（窪美澄）

笛ふき天女　岩田幸子
旧藩主の息女に生まれ松方財閥に嫁ぎ、四十歳で作家獅子文六と再婚。夫、文六の想い出と天女のような純真さで爽やかに生きた女性の半生を語る。

青空娘　源氏鶏太
主人公の少女、有子が不遇な境遇から幾多の困難にぶつかりながらも健気にそれを乗り越え希望を手にする日本版シンデレラ・ストーリー。　（山内マリコ）

最高殊勲夫人　源氏鶏太
野々宮杏子と三原三郎は家族から勝手な結婚話を迫られるも協力してそれを回避する。しかし徐々に惹かれ合うお互いの本当の気持ちは……。　（千野帽子）

カレーライスの唄　阿川弘之
会社が倒産した！　どうしよう。美味しいカレーライスの店を始めよう。若い男女の恋と失業と起業の奮闘記。昭和娯楽小説の傑作。　（平松洋子）

せどり男爵数奇譚　梶山季之
せどり＝掘り出し物の古書を安く買って高く転売することを業とすること。古書の世界に魅入られた人々を描く傑作ミステリー。　（永江朗）

飛田ホテル　黒岩重吾
刑期を終えたやくざ者に起きた妻の失踪を追う表題作など、大阪のどん底で交わる男女の情と性。直木賞作家の傑作ミステリ短篇集。（難波利三）

あるフィルムの背景　結城昌治　日下三蔵編
普通の人間が起こす歪んだ事件、そこに至る絶望を描き、思いもよらない結末を鮮やかに提示する。昭和ミステリの名手、オリジナル短篇集。

赤い猫　仁木悦子　日下三蔵編
爽やかなユーモアと本格推理、そしてほろ苦さを少々。日本推理作家協会賞受賞の表題作ほか〈日本のクリスティー〉の魅力をたっぷり堪能できる傑作選。

兄のトランク　宮沢清六
兄・宮沢賢治の生と死をそのかたわらでみつめ、兄の死後も烈しい空襲や散佚から遺稿類を守りぬいてきた実弟が綴る、初のエッセイ集。

落穂拾い・犬の生活　小山清
明治の匂いの残る浅草に育ち、純粋無比の作品を遺して短い生涯を終えた小山清。いまなお新しい、清らかな祈りのような作品集。（三上延）

真鍋博のプラネタリウム　真鍋博　星新一
名コンビ真鍋博と星新一。二人の最初の作品『おーいでてこーい』他、星作品に描かれた挿絵と小説冒頭をまとめた幻の作品集。（真鍋真）

熊撃ち　吉村昭
人を襲う熊、熊をじっと狙う熊撃ち。大自然のなかで、実際に起きた七つの事件を題材に、孤独で忍耐強い熊撃ちの生きざまを描く。

川三部作
泥の河／螢川／道頓堀川　宮本輝
太宰賞「泥の河」、芥川賞「螢川」、そして「道頓堀川」と、川を背景に独自の抒情をこめて創出した、宮本文学の原点をなす三部作。

私小説
from left to right　水村美苗
12歳で渡米し滞在20年目を迎えた「美苗」。アメリカにも溶け込めず、今の日本にも違和感を覚え……。本邦初の横書きバイリンガル小説。

ラピスラズリ　山尾悠子
言葉の海が紡ぎだす、〈冬眠者〉と人形と、春の目覚めの物語。不世出の幻想小説家が20年の沈黙を破り発表した連作長篇。補筆改訂版。（千野帽子）

遠い朝の本たち　須賀敦子

一人の少女が成長する過程で出会い、愛しんだ文学作品の数々を、記憶に深く残る人びとの想い出とともに描くエッセイ。（末盛千枝子）

おいしいおはなし　高峰秀子編

向田邦子、幸田文、山田風太郎……著名人23人の美味な思い出。文学や芸術にも造詣が深かった往年の大女優・高峰秀子が厳選した珠玉のアンソロジー。

るきさん　高野文子

のんびりしていてマイペース、だけどどっかヘンテコな、るきさんの日常生活って？　独特な色使いが光るオールカラー。ポケットに一冊どうぞ。

それなりに生きている　群ようこ

日当たりの良い場所を目指して仲間を蹴落とすカメ、迷子札をつけているネコ、自己管理している犬。文庫化に際し、二篇を追加して贈る動物エッセイ。

うつくしく、やさしく、おろかなり　杉浦日向子

生きることを楽しもうとしていた江戸人たち。彼らの紡ぎ出した文化にとことん惚れ込んだ著者がその思いの丈を綴った最後のラブレター。（松田哲夫）

ねにもつタイプ　岸本佐知子

何となく気になることにこだわる、ねにもつ。思索、奇想、妄想はばたく脳内ワールドをリズミカルな名短文でつづる。第23回講談社エッセイ賞受賞。

回転ドアは、順番に　穂村弘　東直子

ある春の日に出会い、そして別れるまで。気鋭の歌人ふたりが、見つめ合い呼吸をはかりつつ投げ合う、スリリングな恋愛問答歌。（金原瑞人）

絶叫委員会　穂村弘

町には、偶然生まれては消えてゆく無数の詩が溢れている。不合理でナンセンスで真剣だからこそ可笑しい、天使的な言葉たちへの考察。（南伸坊）

杏のふむふむ　杏

連続テレビ小説「ごちそうさん」で国民的な女優となった杏が、それまでの人生を、人との出会いをテーマに描いたエッセイ集。（村上春樹）

月刊佐藤純子　佐藤ジュンコ

注目のイラストレーター（元書店員）のマンガエッセイが大増量してまさかの文庫化！　仙台の街や友人との日常を描く独特のゆるふわ感はクセになる！

吉行淳之介ベスト・エッセイ　吉行淳之介　荻原魚雷 編

創作の秘密から、ダンディズムの条件まで。「文学」「男と女」「紳士」「人物」のテーマごとに厳選した、吉行淳之介の入門書にして決定版。（大竹聡）

田中小実昌ベスト・エッセイ　田中小実昌　大庭萱朗 編

東大哲学科を中退し、バーテン、香具師などを転々とし、飄々とした作風とミステリー翻訳で知られるコミさんの厳選されたエッセイ集。（片岡義男）

山口瞳ベスト・エッセイ　小玉武 編

サラリーマン処世術から飲食、幸福と死まで。――幅広い話題の中に普遍的な人間観察眼が光る山口瞳の豊饒なエッセイ世界を一冊に凝縮した決定版。

色川武大・阿佐田哲也ベスト・エッセイ　色川武大／阿佐田哲也　大庭萱朗 編

二つの名前を持つ作家のベスト。文学論、落語からタモリまでの芸能論、ジャズ、作家たちとの交流も。もちろん阿佐田哲也名の博打論も収録。（木村紅美）

開高健ベスト・エッセイ　開高健　小玉武 編

文学から食、ヴェトナム戦争まで――おそるべき博覧強記と行動力。「生きて、書いて、ぶつかった」開高健の広大な世界を凝縮したエッセイを精選。

中島らもエッセイ・コレクション　中島らも　小堀純 編

小説家、戯曲家、ミュージシャンなど幅広い活躍で没後なお人気の中島らもの魅力を凝縮！　酒と文学とエンターテインメント。（いとうせいこう）

文房具56話　串田孫一

使う者の心をときめかせる文房具。どうすればこの小さな道具が創造力の源泉になりうるのか。文房具の想い出や新たな発見、工夫や悦びを語る。

ぼくは散歩と雑学がすき　植草甚一

１９７０年、遠かったアメリカ。その風俗、映画、本、音楽から政治までをフレッシュな感性と膨大な知識、貪欲な好奇心で描き出す代表エッセイ集。

快楽としてのミステリー　丸谷才一

ホームズ、００７、マーロウ――探偵小説を愛読して半世紀、その楽しみを文芸批評とゴシップを駆使して自在に語る、文庫オリジナル。（三浦雅士）

超発明　真鍋博

昭和を代表する天才イラストレーターが、唯一無二のSF的想像力と未来的発想で〝夢のような発明品〟１２９例を描き出す幻の作品集。（川田十夢）

ねぼけ人生〈新装版〉　水木しげる

戦争で片腕を喪失、紙芝居・貸本漫画の時代と、波瀾万丈の人生を、楽天的に生きぬいてきた水木しげるの、面白くも哀しい半生記。（呉智英）

「下り坂」繁盛記　嵐山光三郎

人の一生は、「下り坂」をどう楽しむかにかかっている。真の喜びや快感は「下り坂」にあるのだ。あちこちにガタがきても、愉快な毎日が待っている。（新井信）

向田邦子との二十年　久世光彦

あの人は、あり過ぎるくらいあった始末におえない胸の中のものを誰にだって、一言も口にしない人だった。時を共有した二人の世界。（新井信）

旅に出る　ゴトゴト揺られて本と酒　椎名誠

旅の読書は、漂流モノと無人島モノと一点こだわりガンコ本！　本と旅とそれから派生していく自由な思いのつまったエッセイ集。（竹田聡一郎）

昭和三十年代の匂い　岡崎武志

テレビ購入、不二家、空地に土管、トロリーバス、くみとり便所、少年時代の昭和三十年代の記憶をたどる。巻末に岡田斗司夫氏との対談を収録。

本と怠け者　荻原魚雷

日々の暮らしと古本を語り、古書に独特の輝きを与えた「ちくま」好評連載「魚雷の眼」を、一冊にまとめた文庫オリジナルエッセイ集。（岡崎武志）

増補版　誤植読本　高橋輝次編著

本と誤植は切っても切れない⁉　恥ずかしい打ち明け話や、校正をめぐるあれこれなど、作家たちが本音を語り出す。作品42篇収録。（堀江敏幸）

わたしの小さな古本屋　田中美穂

会社を辞めた日、古本屋になることを決めた。倉敷の空気、古書がつなぐ人の縁、店の生きものたち……。女性店主が綴る蟲文庫の日々。（早川義夫）

ぼくは本屋のおやじさん　早川義夫

22年間の書店としての苦労と、お客さんとの交流。どこにもありそうで、ない書店。30年来のロングセラー！（大槻ケンヂ）

たましいの場所　早川義夫

「恋をしていいのだ。今を歌っていくのだ」。心を揺るがす本質的な言葉。文庫用に最終章を追加。帯文＝宮藤官九郎　オマージュエッセイ＝七尾旅人

沈黙博物館　小川洋子

「形見じゃ」老婆は言った。死の完結を阻止するために形見が盗まれる。死者が残した断片をめぐるやさしくスリリングな物語。（堀江敏幸）

星間商事株式会社社史編纂室　三浦しをん

二九歳「腐女子」川田幸代、社史編纂室所属。恋の行方も友情の行方も五里霧中。仲間と共に「同人誌」を武器に社の秘められた過去に挑む!?（金田淳子）

つむじ風食堂の夜　吉田篤弘

それは、笑いのこぼれる夜。——食堂は、十字路の角にぽつんとひとつ灯をともしていた。クラフト・エヴィング商會の物語作家による長篇小説。

通天閣　西加奈子

このしょーもない世の中に、救いようのない人生に、ちょっぴり暖かい灯を点す驚きと感動の物語。第24回織田作之助賞大賞受賞作。（津村記久子）

この話、続けてもいいですか。　西加奈子

ミッキーこと西加奈子の目を通すと世界はワクワク、ドキドキ輝く。いろんな人、出来事、体験がてんこ盛りの豪華エッセイ集！（中島たい子）

君は永遠にそいつらより若い　津村記久子

22歳処女。いや「女の童貞」と呼んでほしい——。日常の底に潜むうっすらとした悪意を独特の筆致で描く。第21回太宰治賞受賞作。（松浦理英子）

アレグリアとは仕事はできない　津村記久子

彼女はどうしようもない性悪だった。すぐ休み単純労働をバカにし男性社員に媚を売る。大型コピー機とミノベとの仁義なき戦い！（千野帽子）

まともな家の子供はいない　津村記久子

セキコには居場所がなかった。うちには父親がいる。うざい母親、テキトーな妹。まともな家なんてどこにもない！　中3女子、怒りの物語。（岩宮恵子）

こちらあみ子　今村夏子

あみ子の純粋な行動が周囲の人々を否応なく変えていく。第26回太宰治賞、第24回三島由紀夫賞受賞作。書き下ろし「チズさん」収録。（町田康／穂村弘）

さようなら、オレンジ　岩城けい

オーストラリアに流れ着いた難民サリマ。言葉も不自由な彼女が、新しい生活を切り拓いてゆく。第29回太宰治賞受賞・第150回芥川賞候補作。（小野正嗣）

冠・婚・葬・祭　中島京子
人生の節目に、起こったこと、出会ったひと、考えたこと。冠婚葬祭を切り口に、鮮やかな人生模様が描かれる。第143回直木賞作家の代表作。（瀧井朝世）

とりつくしま　東直子
死んだ人に「とりつくしま係」が言う。モノになってこの世に戻れますよ。妻は夫のカップに弟子は先生の扇子になった。連作短篇集。（大竹昭子）

虹色と幸運　柴崎友香
珠子、かおり、夏美。三〇代になった三人が、人に会い、おしゃべりし、いろいろ思う一年間。移りゆく季節の中で、日常の細部が輝く傑作。（江南亜美子）

星か獣になる季節　最果タヒ
推しの地下アイドルが殺人容疑で逮捕!? 僕は同級生のイケメン森下と真相を探るが――。歪んだピュアネスが傷だらけで疾走する新世代の青春小説！

ピスタチオ　梨木香歩
棚（たな）がアフリカを訪れたのは本当に偶然だったのか。不思議な出来事の連鎖から、水と生命の壮大な物語「ピスタチオ」が生まれる。（管啓次郎）

図書館の神様　瀬尾まいこ
赴任した高校で思いがけず文芸部顧問になってしまった清（きよ）。そこでの出会いが、その後の人生を変えてゆく。鮮やかな青春小説。（山本幸久）

マイマイ新子　髙樹のぶ子
昭和30年山口県国衙。きょうも新子は妹や友達と元気いっぱい。戦争の傷を負った大人、変わりゆく時代、その懐かしく切ない日々を描く。（片渕須直）

話虫干　小路幸也
夏目漱石「こころ」の内容が書き変えられた！ それは話虫の仕業。新人図書館員が話の世界に入り込み、「こころ」をもとの世界に戻そうとするが……。

包帯クラブ　天童荒太
傷ついた少年少女達は、戦わないかたちで自分達の大切なものを守ることにした。生きがたいと感じるすべての人に贈る長篇小説。大幅加筆して文庫化。

うれしい悲鳴をあげてくれ　いしわたり淳治
作詞家、音楽プロデューサーとして活躍する著者の小説&エッセイ集。彼が「言葉」を紡ぐと誰もが楽しめる「物語」が生まれる。（鈴木おさむ）

幕末単身赴任
下級武士の食日記 増補版　青木直己

きな臭い世情なんてなんのその、単身赴任でやってきた勤番侍が幕末江戸の〈食〉を大満喫！ 残された日記から当時の江戸のグルメと観光を紙上再現。

神国日本のトンデモ決戦生活　早川タダノリ

これが総力戦だ！ 雑誌や広告を覆い尽くしたプロパガンダの数々が浮かび上がらせる戦時下日本のリアルな姿。関連図版をカラーで多数収録。

誰も調べなかった日本文化史　パオロ・マッツァリーノ

土下座のカジュアル化、先生という敬称の由来、全国紙一面の広告。――イタリア人(自称)戯作者が、資料と統計で発見した知られざる日本の姿。

建築探偵の冒険・東京篇　藤森照信

街を歩きまわり、古い建物、変わった建物を発見し調査する〝東京建築探偵団〟の主唱者による、建築をめぐる不思議で面白い話の数々。（山下洋輔）

鉄道エッセイコレクション　芦原伸編

本を携えて鉄道旅に出よう！ 文豪、車掌、音楽家――、生粋の鉄道好き20人が愛を込めて書いた「鉄分100％」のエッセイ／短篇アンソロジー。

ヨーロッパぶらりぶらり　山下清

「パンツをはかない男の像はにが手」「人魚のおしりは人間か魚かわからない」。〝裸の大将〟の眼に映ったヨーロッパは？ 細密画入り。（赤瀬川原平）

坂本九ものがたり　永六輔

名曲「上を向いて歩こう」の永六輔・中村八大・坂本九が歩んだ戦中戦後、そして3人が出会ったテレビ草創期。歌に託した思いとは。（佐藤剛）

日々談笑　小沢昭一

話芸の達人の、芸が詰まった一冊。柳家小三治と佐渡の芸能話、網野善彦と陰陽師や猿芝居の話、清川虹子と喜劇話……多士済々17人との対談集。

おかしな男　渥美清　小林信彦

芝居や映画をよく観る勉強家の彼と喜劇マニアのぼく。映画「男はつらいよ」の〈寅さん〉になる前の若き日の渥美清の姿を愛情こめて綴った人物伝。（中野翠）

ウルトラマン誕生　実相寺昭雄

オタク文化の最高峰、ウルトラマンが初めて放送されてから40年。創造の秘密に迫る。スタッフたちの心意気、撮影所の雰囲気をいきいきと描く。

脇役本　濵田研吾

映画や舞台のバイプレイヤー七十数名が書いた本、関連書などを一挙紹介。それら脇役本が教えてくれる秘話満載。古本ファンにも必読。（出久根達郎）

時代劇 役者昔ばなし　能村庸一

「鬼平犯科帳」「剣客商売」を手がけたテレビ時代劇名プロデューサーによる時代劇役者列伝。春日太一氏との語り下ろし対談を収録。文庫オリジナル。

東京酒場漂流記　なぎら健壱

異色のフォーク・シンガーが達意の文章で綴るおかしくも哀しい酒場めぐり。薄暮の酒場に集う人々との無言の会話、酒、肴。（高田文夫）

旅情酒場をゆく　井上理津子

ドキドキしながら入る居酒屋。心が落ち着く静かな店も、常連に囲まれ地元の人情に触れた店も、それもこれも旅の楽しみ。酒場ルポの傑作！

満腹どんぶりアンソロジー
おいしい、丼《どん》　ちくま文庫編集部編

天丼、カツ丼、牛丼、海鮮丼に鰻丼。こだわりの食べ方、懐かしい味から思いもよらぬ珍丼まで作家・著名人の「丼愛」が迸る名エッセイ50篇。

ひりひり賭け事アンソロジー
わかっちゃいるけど、ギャンブル！　ちくま文庫編集部編

勝てば天国、負けたら地獄。麻雀、競馬から花札や手本引きまで、ギャンブルに魅せられた作家たちの名エッセイを集めたオリジナルアンソロジー。

赤線跡を歩く　木村聡

戦後まもなく特殊飲食店街として形成された赤線地帯。その後十余年、都市空間を彩ったその宝石のような建築物と街並みの今を記録した写真集。

異界を旅する能　安田登

「能」は、旅する「ワキ」と、幽霊や精霊である「シテ」の出会いから始まる。そして、リセットが鍵となる日本文化を解き明かす。（松岡正剛）

老人力　赤瀬川原平

20世紀末、日本中を脱力させた名著『老人力』と『老人力②』が、あわせて文庫に！　ぼけ、ヨイヨイ、もうろくに潜むパワーがここに結集する。

裸はいつから恥ずかしくなったか　中野明

幕末、訪日した外国人は混浴の公衆浴場に驚いた。日本人が裸に対して羞恥心や性的関心を持ったのはいつなのか。「裸体」で読み解く日本近代史。

ちくま文庫

ジャンパーを着《き》て四十年《よんじゅうねん》

二〇二二年七月十日　第一刷発行

著　者　今和次郎（こん・わじろう）
発行者　喜入冬子
発行所　株式会社　筑摩書房
東京都台東区蔵前二―五―三　〒一一一―八七五五
電話番号　〇三―五六八七―二六〇一（代表）
装幀者　安野光雅
印刷所　明和印刷株式会社
製本所　株式会社積信堂

ISBN978-4-480-43828-7　C0136